会社別就活ハンドブックシリーズ

2025

富士通の
就活ハンドブック

就職活動研究会 編
JOB HUNTING BOOK

は じ め に

　2021年春の採用から，1953年以来続いてきた，経団連（日本経済団体連合会）の加盟企業を中心にした「就活に関するさまざまな規定事項」の規定が，事実上廃止されました。それまで卒業・修了年度に入る直前の3月以降になり，面接などの選考は6月であったものが，学生と企業の双方が活動を本格化させる時期が大幅にはやまることになりました。この動きは2022年春そして2023年春へと続いております。

　また新型コロナウイルス感染者の増加を受け，新卒採用の活動に対してオンラインによる説明会や選考を導入した企業が急速に増加しました。採用環境が大きく変化したことにより，どのような場面でも対応できる柔軟性，また非接触による仕事の増加により，傾聴力というものが新たに求められるようになりました。

　『会社別就職ハンドブックシリーズ』は，いわゆる「就活生向け人気企業ランキング」を中心に，当社が独自にセレクトした上場している一流・優良企業の就活対策本です。面接で聞かれた質問にはじまり，業界の最新情報，さらには上場企業の株主向け公開情報である有価証券報告書の分析など，企業の多角的な判断・研究材料をふんだんに盛り込みました。加えて，地方の優良といわれている企業もラインナップしています。

　思い込みや憧れだけをもってやみくもに受けるのではなく，必要な情報を収集し，冷静に対象企業を分析し，エントリーシート作成やそれに続く面接試験に臨んでいただければと思います。本書が，その一助となれば幸いです。

　この本を手に取られた方が，志望企業の内定を得て，輝かしい社会人生活のスタートを切っていただけるよう，心より祈念いたします。

就職活動研究会

Contents

第1章

富士通の会社概況

　会社によって選考方法は千差万別。面接で問われる内容や採用スケジュールもバラバラだ。採用試験ひとつとってみても，その会社の社風が表れていると言っていいだろう。ここでは募集要項や面接内容について過去の事例を収録している。

　また，志望する会社を数字の面からも多角的に研究することを心がけたい。

✔Fujitsu Way

Fujitsu Way は「パーパス」「大切にする価値観」「行動規範」の3つから構成されます

■パーパス

わたしたちのパーパスは、イノベーションによって社会に信頼をもたらし

世界をより持続可能にしていくことです。

パーパスとは、社会における企業の存在意義を意味します。世界中の富士通社員が力を合わせて何のために日々の仕事をするのかを表す、Fujitsu Way の根幹です。

パーパス・ステートメント

パーパス・ステートメントとは、わたしたちのパーパス、その背景となる世界認識、どのような価値をお客様や社会に提供し、そのためにわたしたちがどう変わっていくのか、どのような能力育成をするのかを、ひと続きのストーリーとして理解できるようにした宣言です。

■大切にする価値観

『挑戦』『信頼』『共感』

大切にする価値観とは、「パーパス」を実現していくために、富士通社員一人ひとりがもつべき、『挑戦』『信頼』『共感』からなる具体的な行動の循環を示しています。

■行動規範

行動規範は、富士通社員一人ひとりがどのように行動すべきかの原理原則を示します。社員は、社会を構成する一人として、組織の構成員として、「行動規範」に則って行動しています。

人権を尊重します

法令を遵守します

公正な商取引を行います

知的財産を守り尊重します

機密を保持します

業務上の立場を私的に利用しません

✔ 会社データ

所在地	本社事務所 〒105-7123 東京都港区東新橋1-5-2 汐留シティセンター
代表取締役社長 CEO	時田 隆仁
設立	1935年6月
事業内容	サービスソリューション ハードウェアソリューション ユビキタスソリューション デバイスソリューション
従業員	124,000人（グローバル）
売上収益	3兆7137億円
研究開発費	1,095億円

注：2022年度連結概要（2023年3月31日終了会計年度）
従業員数：2023年3月末現在

✔ 先輩社員の声

【営業／ 2012 年入社】

日々の仕事の中での「やりがい」を教えていただけますか？

私は学生のみなさんも日常的に利用する全国的な外食チェーンを複数，受け持っており，売り上げ等の管理システムや海外 POS システム，ネット注文システム等の ICT システムを提案しています。

最近，印象に残っているのは，大手ファストフードとの商談。お客様からの要望に応えるものではなく，お客様の店舗をより良くするための新規提案を自ら考えるものでした。お客様の元へ何度も足を運びヒアリングを行ったり，社内の事業部やシステムエンジニアなども巻き込んだり，地道にできることを探し続けました。その結果，今までになかったような提案することができ，最終的に商談化につながりました。私がお客様のことを想う気持ちに，周囲が賛同してくれて，粘り強く可能性を開拓したことで，お客様の心が動いていく。まさに営業としてたまらなく嬉しい瞬間を味わいました。

職場の雰囲気はいかがですか？

今の部署は，想いがあれば何でも自由にチャレンジさせてくれます。大きな商談を一人でまとめるのも，視野を広げるために教育の場に飛び込むのも，私の意志次第。ときにはつまずくこともありますが，上司や先輩のフォローがありますので，いつでも前を向いていられるのだと思います。

富士通全体の視点で言えば，営業，システムエンジニア，研究所，関連会社といった様々な役割を担う人たちが，独自に新しい技術や取り組みを展開しています。営業である私が，多様な人たちの力を集めれば，今までなかったようなサービスを生み出すことのできる環境にあると日々感じています。

これからの夢と目標を教えてください。

営業として今まで以上に大きい商談をまとめ続けることで，いずれは世の中に注目されるような技術やサービスを作り出したいと思っています。担当しているお客様の業務を変革するばかりではなく，業界そのもの，ひいては私たちの生活そのものを変えるような新たなトレンドを作り出すことができれば嬉しいですね。夢を実現するには，まずはアンテナの感度を高め，いち早くキャッチし続けなければなりません。流通業がお客様なので，自分自身の消費者視点を大切にして，普段の生活から課題を見つけていきたいです。

【システムエンジニア／2006年入社】

日々の仕事の中での「やりがい」を教えていただけますか？

私が所属している部門は，地方自治体をはじめとする公共団体の内部業務のパッケージ開発や保守，システム導入を行っています。そのなかで，私自身は就業情報や手当申請をする庶務事務システムに携わっています。

業務で最も大切な心構えは，「お客様の立場に立って考えること」。技術者は誰でも，システムの創造という分野にのめり込んでいく傾向が少なからずあると思います。しかし，私たちの仕事は，お客様が求めているものを開発することです。それには，まずお客様の業務内容を理解していないとできませんし，理解を通じてこそ新しい提案ができるのだと思います。自分の仕事にやりがいを感じるのは，システム導入の稼働日にお客様と一緒に喜ぶことができた時。それと同時に達成感もありますね。また，納入したパッケージの追加機能にお客様が満足していただけた時も大きな励みになります。

職場の雰囲気はいかがですか？

システムエンジニアの仕事はパッケージ開発，お客様先へのシステム導入など，チームで行うものばかりです。社内だけでなく，協力会社の方々も含めたチームワークが重要です。私の職場では，多くの協力会社の方々が同じフロアに在籍しており，普段からコミュニケーションを密にとりながら一緒に仕事を行っています。

また，先輩たちは自身の失敗談などを交えつつ，技術的な指導を親身にしてくれます。業務推進の上で失敗例を共有することは重要と思いますが，実際には難しいことでもあります。誰でも「ミスは自分で解決したい」という意識が先に立つからですが，私の職場は失敗を共有することが普通にできる，健全な組織であることを実感しています。

これからの夢と目標を教えてください。

目標は，公共団体向けの内部情報システム，特に私が担当する人事給与・庶務事務システムで「富士通が一番だ」「富士通にして良かった」と，お客様に評価していただける製品を作り出すこと。先輩社員の方々からも指導してもらっていますが，まだ私は完璧にはいきません。協力会社のベテラン技術者の方々に助けていただく場面もあります。こうした温かい人たちに応えるためにも，早く成長して1人で仕事をできる幅を広げていきたいです。

お客様先にシステムを導入した時，チームメンバーと共に稼働を祝い合えるよう，今後もどんどん新しいことに挑戦し，研鑽を重ねて優れたシステムエンジニアを目指していきたいと思います。

募集職種	ビジネスプロデューサー／ソリューションエンジニア（インフラエンジニア含む）／データサイエンティスト／研究開発（ソフト開発・ハード開発・研究）／コーポレート（サプライチェーンマネジメント、法務、知的財産、財務・経理、総務・人事）／マーケティング／デザイン
初任給	【2024年度初任給 予定】 博士：キャリア入社者基準 修士：月給275,000円（年収見込み476万円　※時間外含まず） 学部：月給255,000円（年収見込み443万円　※時間外含まず） 高専：月給220,000円（年収見込み381万円　※時間外含まず） ※高いスキルや専門性を持ち、入社後すぐに第一線で活躍できる人材は、キャリア採用者と同様に業務に応じて、賃金を決定することがあります。大学院博士卒の方については、博士号取得者は290,000円以上、博士号未取得者は280,000円以上となります。
給与改定	年1回（4月）
賞与	年2回（6月、12月）
募集対象	大学／大学院を2024年3月に卒業（修了）見込みの方または既卒の方で新規卒業予定者と同じ枠組みによる採用を希望される方 （職歴の有無は問いません）
募集学科	全学部全学科
休日休暇	休日：完全週休2日制（土曜日、日曜日）、祝日、年末年始、特別休日　※年間休日124日（2022年度） 休暇：年次有給休暇20日　※初年度は入社時期により異なります。翌年まで繰り越し可能（積立て可能）、最大40日 積立休暇、リフレッシュ休暇、育児休職制度、介護休職制度、慶弔休暇、産前産後休暇、出産育児サポート休暇 他
勤務地	本社事務所（汐留）、川崎工場、富士通ソリューションスクエア（東京）、Uvance Kawasaki Tower（川崎）、関西システムラボラトリ（大阪）、研究所（川崎、厚木など）他、国内外全事業所 ※現在多くの職場が、自宅やサテライトオフィスからのテレワーク勤務を行っています。

勤務時間	8時45分〜17時30分 （標準労働時間7時間45分／休憩1時間） ※上記は標準勤務時間帯ですが、「コアタイムのないフレックス勤務」を適用している職場も多くあります。
時間外労働の有無	業務上の都合によりやむを得ない場合、実施することがあります。
保険	雇用，労災，健康，厚生年金保険
福利厚生 諸手当	社会保険完備、通勤手当、家族手当、住居手当、社員持株会、財形貯蓄制度、研修制度、資格取得支援制度、退職金制度、寮・社宅あり、各種イベント（フロンターレの試合観戦等）

✔ 採用の流れ （出典：東洋経済新報社『就職四季報』）

エントリーの 時期	【総】通年　【技】通年 ＜学校推薦＞3〜6月
採用プロセス	【総】ES選考・適正検査（通年）→面接（3回，6月〜） 　　→内々定（6月〜） 【技】ES選考・適正検査（通年）→面接（3回，6月〜） 　　→内々定（6月〜）　＜学校推薦＞面接（2回,6月〜） 　　→内々定（6月〜）
採用実績校	【文系】 早稲田大学，慶應義塾大学，大阪大学，明治大学，北海道大学，青山学院大学，関西学院大学，同志社大学，立教大学，法政大学，横浜国立大学，中央大学，東京工業大学，立命館大学　他 【理系】 ※文系に含む

✔2023年の重要ニュース （出典：日本経済新聞）

■富士通、500億円超のM&A実行へ　海外展開を加速（1/4）

　富士通がM&A（合併・買収）による海外展開を加速する。豊富な手元資金を活用し、数百億円規模のM&Aを複数案件、実施する方針だ。海外企業の買収でITサービス事業の成長につなげるとともに、国内中心の事業構成を変え、グローバル化を強める。

　磯部武司最高財務責任者（CFO）が「数百億円台前半のM&Aはいくつもやっていく。数百億円台後半のものにも投資したい」との考えを明らかにした。足元では「M&Aリストにはかなり大規模な案件もある」という。

　成長へ向けた社内システムの刷新や新サービスの開発などの戦略投資は今期まで3年間で2450億円にとどまる見込み。2025年3月期まで5年間で5000億〜6000億円の成長投資を計画していたが、3年間が過ぎて半分未満だ。24年3月期からの新たな中期経営計画はグローバル強化を大きなテーマに掲げる方針で、海外企業のM&Aを積極化し、成長シナリオを描き直す狙いだ。

　買収の原資は豊富だ。成長投資や株主還元に充てることのできる現金として会社が定める「ベースキャッシュフロー」は23年3月期まで3年間で7500億円弱になる。パソコン事業などを切り離す事業構造改革で現金創出力が高まっているためで、22年9月末時点の現預金は4575億円と、3年前と比べて8%多い。

　今期が最終年度の現中計では、主力のITサービス事業で売上収益営業利益率10%の目標を掲げていたが、22年4〜9月期は3.7%と低い。収益性改善に向け、積極的な企業買収を進め、開発面での効率化も強化する。

　現在はそれぞれの顧客の要望に応じた個別のシステムを開発する事業が主力だが、脱炭素やスマートシティーの分野で定型サービスを増やす計画だ。多くの顧客で使えるサービスを開発することで、顧客ごとに異なるシステムを作る手間を省いて効率的に稼ぐ体制を築く。「容易にビジネスを展開できるようにすることで、海外に勢いを作りたい」（磯部氏）という。

■富士通、業界別汎用システムの売上高4000億円増へ（5/29）

　富士通は29日、2022年3月期に立ち上げた業界別汎用IT（情報技術）システムの売上高として26年3月期に4000億円強を目指す方針を明らかにした。案件ごとに新システムを開発する手間を省き、効率的に稼げるようにする。

　26年3月期を最終年度とする中期経営計画では連結売上収益（国際会計基準）

じ 23 年 3 月期比 13% 増の 4 兆 2000 億円、調整後営業利益で 50% 増の 5000 億円が目標。同システムを成長のけん引役に位置付ける。

　足元では同システムの販路開拓に取り組み、医薬品開発を効率化するデータ管理向けで商談を進めているという。富士通を巡っては、マイナンバーカードを使って証明書を交付するサービスで誤交付が相次ぎ発覚している。目標達成には信頼回復が不可欠になる。

■富士通、分野別サービス売り上げ 1000 億円に　23 年度（9/26）

　富士通は東京都港区の本社で注力事業である IT（情報技術）の定型サービスの説明会を開いた。定型サービスのうち、2023 年度に分野別サービスを約 1000 億円とする目標を明らかにした。特に製造業関連で多くの顧客に同じサービスを提供する事業を伸ばすことで、個別の顧客向けの作業を減らし効率よく稼げるようにする。

　富士通は 25 年度を最終年度とする中期経営計画で、22 年度時点でほとんどない分野別サービスの売り上げを 25 年度に 4000 億円に伸ばす目標を掲げる。個別の顧客に提供したシステムで得た知見を横展開し、サービスの拡充を目指す。

　高橋美波執行役員は「既に実績は出始めており、見込み顧客から見てこのままいけばしっかり達成できる」と自信を見せた。既存顧客に機能や使い勝手を改善した新サービスを提供し、提供価格を上げるなどで売り上げを伸ばす。

　分野別サービスには、製造業向けの温暖化ガス排出量可視化サービスや、AI（人工知能）で需要を予測して食品廃棄を減らす飲食店向けサービスなどが含まれる。これまで主力としてきた顧客ごとに個別のシステムを開発する事業は、開発に手間がかかり収益を大きく伸ばしにくい。新事業を成長させ、こうした課題の解決を目指す。

✔2022年の重要ニュース (出典：日本経済新聞)

■富士通、大型汎用コンピューター終売　クラウドへ移行（2/18）

　富士通は大型汎用コンピューターのメインフレームと、企業の基幹システムなどで使われる UNIX（ユニックス）サーバーを終売する。顧客にはクラウドへの移行を促す。メインフレームは 2030 年度に販売を終え、35 年度に保守を終了する計画だ。UNIX サーバーは販売を 29 年度、保守を 34 年度に終える。発表から販売、保守終了までに 10 年程度かけることで、現在富士通のメインサーバーなどを利用する顧客が今後の体制を検討し、新しい環境に移行するための期間を設けたとしている。

　富士通は日本を代表するメインフレームメーカーだ。しかし、費用を抑えられるクラウドの利用が広がり市場は縮小している。電子情報技術産業協会（JEITA）によると、20 年度の出荷額は 304 億円と、15 年度に比べて 3 割減だった。ユニックスサーバーも 20 年度は 15 年度比で 4 割減って 283 億円だった。

　富士通はソフトウエアを主力事業に位置づけ、パソコンや半導体、携帯電話事業を切り離すなど、ハードウエア事業の見直しを進めてきた。メインフレームとユニックスサーバーを終了することで、主力事業への経営資源の集中をさらに進める。

■富士通、世界最速の疑似量子計算機を開発（3/30）

　富士通は 30 日、超高速で計算できる量子コンピューターの原理を応用した「疑似量子計算機」で、世界最速の計算速度を達成することに成功したと発表した。独研究機関などが開発する同種機器と比べ、最大で約 2 倍の速度で計算できると富士通は説明している。

　疑似量子計算機は理化学研究所と富士通が共同開発したスーパーコンピューター「富岳」と同じ CPU（中央演算処理装置）を搭載するのが特徴だ。計算をやりやすいようにデータを並べ替えることで高速処理を可能にした。

　高い計算速度を達成できたことから応用面の研究も始める。2022 年度に富士フイルムと化学反応を計算する手法に適用し、改善できるか検討する。

　現状では汎用的な計算が可能な量子コンピューターは計算の際に生じる誤りを訂正できない課題がある。実用性を持った大規模な計算能力を持つ量子コンピューターの開発には数十年かかるともいわれている。高性能の疑似量子計算機を開発し、量子コンピューターの利用方法の検討を進めておくことで、量子コンピューターが実用段階に入った際、速やかに使えるようにすることを目指す。

■国内社員4万5000人にジョブ型　全体の9割に（4/21）

　富士通は21日、本社と大半の国内グループ企業の一般社員およそ4万5000人に、新たに「ジョブ型雇用」を導入したと正式に発表した。2020年以降、本社と国内グループ企業の幹部社員、海外従業員に導入していた。国内の一般社員に対象を広げることで、グループを含めた13万人弱の従業員のうち、およそ9割にあたる約11万人がジョブ型で働くことになった。

　ジョブ型雇用は事前に職務の内容を明確にし、それに沿う人材を起用する制度。対象の拡大について、労働組合と合意した。各社員の仕事に対し、専門性や難易度で設定した格付けに応じた月給を支給する。

　富士通はITサービス事業の構造転換を進めている。それぞれの顧客の要望などに合わせてシステムを構築する従来の「請負型」から、人工知能（AI）などの技術で課題を解決するサービスを提供する「提案型」重視への移行を目指している。

　高度なスキルに応じた給与を支払いやすいジョブ型雇用の導入範囲を広げることで、より多くの優秀な人材の獲得や育成につなげる。

■富士通など「電子社印」実証　政府に法整備提言（12/8）

　富士通と帝国データバンクは企業など法人がオンラインで電子文書を安全にやり取りできるサービス「日本版eシール」の実証事業の中間報告書を公表した。政府に対し、eシールを国内外で相互にやり取りできる統一基準を法的に早急に整備するよう提言した。

　eシールは社印や組織印の電子版に相当する。デジタル技術を使い、企業が外部に渡す電子文書の発行元が間違いないことを証明したり、内容が改ざんされていないことを確認したりして不正を防ぐ。企業が発行する請求書や領収書、証明書、保証書などを電子化し、人手を介さず自動的にeシールを付与して安全に送受信できる仕組みだ。

　実証実験では帝国データバンクが保有する企業データを基に、電子文書の改ざんや送信元のなりすましを防ぐ「トラストサービス」と呼ぶ機能を富士通が提供した。クラウドによるファイル管理サービスを提供する米ボックスの日本法人と連携し、企業間で受け渡すファイルにeシールを付与するシステムを構築した。電子文書のやり取りに有用だと確認できたという。

　今後は利用者が電子文書を開かずにeシールを確認できる機能を加え、業務効率を高められるようにする。帝国データバンク・プロダクトデザイン部の小田嶋昭浩ネットソリューション課副課長は「基本的には人間が見なくても自動処理できるようにする」と話す。

✔2021年の重要ニュース _{（出典：日本経済新聞）}

富士通、生体認証を使ったレジ無し店舗（1/14）

　富士通は 14 日、病院内のコンビニなどを手掛ける光洋ショップ - プラス（横浜市）が運営する横浜市内の店舗で、生体認証技術を活用したレジ無し店舗の実証実験を始めると発表した。近隣住民なども利用可能で、4 月から本運用を開始する。光洋の他店舗にも順次拡大し、2024 年までに 30 店舗へのサービス提供を目指す。

　横浜市の「グリーンリーブスプラス横浜テクノタワーホテル店」で 15 日から実証実験を始める。利用客はアプリをスマートフォンにダウンロードし、クレジットカード情報を入力して登録。QR コードをかざして入店すると、商品を手にしてそのまま店を後にすることができる。

　店舗に設置したカメラや重量センサーが、商品や客の動きを正確に把握する。誰がどの商品をカゴに入れたかを自動で判別できるため、商品をレジに通す必要がなくなる。21 年中には富士通の生体認証技術も展開予定で、手のひら静脈や顔の情報から本人を特定するため、入店時のスマホも不要な「手ぶら決済」が可能になる。

　富士通はレジ無し店舗技術などを手掛けるスタートアップ、米ブイコグニション・テクノロジーズの「Zippin（ジッピン）」との協業を進めている。非接触や省人化などが期待できるサービスとして、今後も狭小スペースの店舗を中心に展開を広げる。

■富士通、システム 11 社を吸収　国内事業を再編（1/28）

　富士通は 28 日、システム構築などを手掛ける国内子会社 11 社を 4 月 1 日付で吸収合併すると発表した。サービスの開発や提供機能を統合し、コスト改善や効率的な投資につなげる。2020 年 10 月にはグループ内の自治体向け営業部門などを集約した新会社を発足させ、国内事業の再編を進めている。システム部門の見直しにも着手し、国内ビジネスを強化する。

　吸収合併するのはソフトウエア開発などを手掛ける富士通ビー・エス・シーや富士通ソーシアルサイエンスラボラトリなど 11 社。20 年に発足した新会社「富士通 Japan」の本格稼働に合わせて、グループ内で別々に手掛けてきたソフト開発やシステム構築機能を再編し、全体の生産性向上を図る。

■富士通、社員教育多様に（10/7）

富士通は 6 日、新たな働き方を示す「ワークライフシフト 2.0」を発表した。社内の研修施設を減らす一方、研修メニューを約 3 倍に増やした。一律で社員を教育する手法から、一人ひとりの多様なキャリアの実現を後押しする手法に転換する。生産性を高めるため、出張先で滞在を延長できるワーケーションも推奨する。

富士通の研修施設は川崎市に富士通高津ラーニングスクエア、クロスカルチャーセンターの 2 カ所がある。このうち、富士通高津ラーニングスクエアの削減を検討する。外部の施設を借りた集合研修もなくす。

研修は今後オンラインを活用するほか、出社する場合も通常の執務スペースで受講する形式に変える。入社時期や職種ごとに一律で実施していた教育手法を改め、各社員のキャリアにあった研修を受けられるようにする。

入社時の研修を除き、社員が希望する講座を自由に受講できるようにした。社員の多様なニーズに応えるため、4 月時点の講座数は約 8800 と 2 年前の 3.5 倍に増やした。新型コロナウイルス禍でオンラインの活用が進んだことも背景に、大人数を集めて研修する施設の必要が薄れている。

平松浩樹執行役員常務 CHRO（最高人事責任者）は「2020 年に一部で（人事制度に）ジョブ型を導入した後、研修のあり方も見直している」と話す。

ワーケーション推奨も打ち出した。7 月には、出張前後に休暇を取得して業務外で出張先にしばらく滞在した場合も往復の交通費を負担する制度を始めた。テレワークを活用し、1 〜 3 週間程度のワーケーションの利用を想定している。

働き方の変化に合わせ、評価制度も刷新している。21 年度には、課長以上の社員で新制度の「コネクト」を導入した。上司と月 1 回個別面談をして、細やかにキャリアの方向性や現在の成果を確認して評価をつける。期初に設定した目標の達成度を測る従来のやり方から変更した。22 年度中にも全体に広げる計画だ。

平松氏は「在宅勤務の活用で社員同士が顔を合わせる機会が減った結果、キャリアや会社のビジョンについて共有できていないことが浮き彫りになった」と話す。社員が働く場所やキャリアを自由に選び、能動的にやりたい仕事をできるようにする。

20 年に従業員が主体的に最適な時間や場所を選択する働き方「ワークライフシフト」を掲げたが、新たな施策を追加し、改革の実行力を高める。

✔ 就活生情報

論理性をかなり見られているので，志望理由やエピソードに一貫性をもたせるのが大切です

ソリューション&サービスエンジニア (2023年度採用)

エントリーシート

・形式：採用ホームページから記入
・内容：職種の志望理由，研究内容，学生時代に力を入れたこと，富士通で挑戦したいこと

筆記試験

・形式：Webテスト
・科目：英語／数学，算数／国語，漢字／性格テスト
・内容：玉手箱形式のWebテスト。時間はシビア。英語があるのが特徴

面接（個人・集団）

・雰囲気：和やか　回数：2回
・質問内容：事前面談…研究内容及び自己PR，事前に作成する資料に添って説明する，研究内容，自己PRに対する深掘り，資料に関する質問など，志望理由，なぜ富士通か（他社との違いや富士通が持つ強みを理解しておく），富士通で挑戦したいこと，これから学んでいきたい技術など，
・人事面接…志望理由，なぜ富士通か，企業選びの軸，大学時代の成績，逆質問（人事向けのものを可能な限りたくさん考えておくのが良い。人によってまちまちだが，逆質問の時間を長く取っていただける時があるため）

内定

・拘束や指示：学校推薦応募のため即承諾。その際，推薦書の提出及び他社選考の辞退をするよう指示あり

● その他受験者からのアドバイス

・自分のやりたい事と絡めて，志望理由や挑戦したいことを考えるのが良い
・連絡が早いため，内定獲得までの期間がかなり短い
・面談に関しても終始穏やかな雰囲気

とにかく「この会社に行きたい」という気持ちで企業研究すると，自分の気持ちが話せるようになります

マーケティング 2021卒

エントリーシート

・形式：採用ホームページから記入
・内容：学生時代に頑張ったこと３つ（箇条書き），富士通に入社して挑戦したいこと

セミナー

・選考とは無関係
・服装：リクルートスーツ
・内容：富士通が行っている事業，これまでの歩み，今後について

筆記試験

・形式：Webテスト
・科目：英語／数学，算数／国語，漢字／論作文／性格テスト／クリエイティブ
・内容：時間が決められており各分野について出題された

面接（個人・集団）

・雰囲気：和やか
・回数：２回
・質問内容：一次面接では学生時代力を入れたこと，それに対する質問，富士通のイメージ。最終面接では希望する部署について理解できているか確認，学生側からの質問

内定

・通知方法：電話

やりたいことを明確にするのが大事です

営業職 2020卒

エントリーシート

- 形式：採用ホームページから記入
- 内容：学生時代に頑張ったこと3つ（箇条書き），その中でひとつを具体的に（なぜしたのか，どのようにしたのか，結果どうなったのか），富士通でしてみたいこと

セミナー

- 選考とは無関係　服装：リクルートスーツ
- 内容：三社合同説明会（NTTdata,NEC,富士通），女性限定座談会，富士通Woman's session

筆記試験

- 形式：Webテスト
- 科目：数学，算数/国語，漢字
- 内容：GAB

面接（個人・集団）

- 雰囲気：和やか
- 質問内容：一次は学生時代力を入れたこと，職種志望理由。二次は学生時代力を入れたこと，富士通で挑戦したいこと。三次は就職活動状況

内定

- 拘束や指示：入社意思を伝えたところ，二日後までに他社選考を辞退したうえで改めて電話するように言われた
- 通知方法：電話

▶ その他受験者からのアドバイス

- 服装，言葉遣い，入室マナーなどは，一般的に失礼でないと思う範囲で気を付ければいいと思う。自己分析の方法は人それぞれだが，自分はエントリーシートに答えられるエピソードの整理と面接で答えられなかった質問に答えられるエピソードを整理するといった感じで自己分析をしていた

企業研究に特に注力して，就活を進めたほうがいいと感じました

開発職 2020卒

エントリーシート
・内容：取り組んでいる研究内容について具体的に（研究テーマ概要，世の中への影響など），学生時代の取り組みの中で自信をもってやり遂げたと言えるエピソード，あなたが富士通で挑戦したいこと，希望する職種とその理由，志望部署とそこで活かせるスキル・専門性について　など

セミナー
・選考とは無関係
・服装：リクルートスーツ
・内容：働いている社員の講演を通して実際の業務内容を教えてもらった

筆記試験
・形式：Webテスト
・科目：SPI（英語/数学，算数/国語，漢字）

面接（個人・集団）
・雰囲気：和やか
・回数：2回
・質問内容：配属約束面談。自己紹介，研究紹介，研究で苦労したこと，研究は一人でやっていたのか，あなたの長所短所，この会社を知ったきっかけ，志望理由，逆質問

内定
・拘束や指示：特になし
・通知方法：電話

ICTを用いてどのようなことをしたいのか，成し遂げたいのかを，明確にすることが大事だと思います

総合職 2020卒

エントリーシート

・形式：採用ホームページから記入
・内容：学生時代に頑張ったこと3つ（箇条書き），その中でひとつを具体的に（なぜしたのか，どのようにしたのか，結果どうなったのかできるだけ具体的に），富士通でしてみたいこと

セミナー

・選考とは無関係　服装：リクルートスーツ
・内容：自分は行かなかったが，最終面接でセミナーに関連したことを聞かれたので，行っておくことをおすすめする

筆記試験

・形式：Webテスト
・科目：英語/数学，算数/国語，漢字/性格テスト/その他
・内容：加えて論理問題（暗号問題など）

面接（個人・集団）

・質問内容：学生時代に力を入れたこと，就活の状況（1社1社聞かれた），就活をどういう軸でみているか（富士通はどこがマッチしてる？），関わりたい事業とその理由，人事に興味あるか，大変だったこと，適性検査の手応え，ゼミの内容，長所と短所　など

内定

・拘束や指示：他社と迷っていた時，いつでも電話で質問してほしいと言われた

● その他受験者からのアドバイス

・基礎学力が心配な人は筆記試験の勉強をすること
・インターンシップやOB訪問はたしかに大切だが，やはりエントリーシートとWebテストも大切なようだと実感した
・自己分析は，たとえ理系であっても怠っていてはうまく立ち回れないので不可欠

ESや面接で少し気を引かれるような，人と違う何か
を潜ませておくと，それを話題に会話が弾むかと感
じました

Openコース 2019卒

エントリーシート
・形式：採用ホームページから記入
・内容：学生時代に頑張ったこと (3個箇条書き) その中でひとつを具体的に (な
ぜしたか，どうやったか，結果どうなったか)　富士通でしてみたいこと

セミナー
・記載なし

筆記試験
・形式：Webテスト
・科目：英語／数学，算数／性格テスト。内容は，暗号問題など

面接 (個人・集団)
・質問内容：1次面接は学生時代にがんばったことや私について，2次面接は学
生時代に頑張ったことに加えてどうして富士通なのかについて少し，最終面接
は自己PRを具体例をあげて，志望理由，何がしたいか，志望度合い　等

内定
・拘束や指示：落ち着いてから再度連絡したいむねを伝えると，6月1日までに
連絡してほしいと言われた
・通知方法：電話￥

● その他受験者からのアドバイス
・自己分析や企業研究ももちろん大切だが，それ以上に第一印象が全てを左
右すると感じた
・新卒の学生らしい明るくハキハキとした対応や，素直で自分の言葉を使っ
た回答が，最終面接に近づくにつれ重要になっていると感じた

就活中は終始親切で丁寧に対応してくれたので，この会社に入りたいという気持ちが高まりました

SE 2018卒

エントリーシート

・形式：採用ホームページから記入
・内容：なぜITか，なぜ富士通か

セミナー

・選考とは無関係
・服装：リクルートスーツ

筆記試験

・形式：Webテスト
・科目：英語／数学，算数／国語，漢字／性格テスト

面接（個人・集団）

・雰囲気：普通
・回数：1回
・質問内容：なぜITか，なぜ富士通か，なぜSEか，研究室での自分のキャラ，役割，研究内容など

グループディスカッション

・テーマ：ITの力でより良い生活を提供するための企画

内定

・通知方法：大学就職課

● その他受験者からのアドバイス

・学校推薦だったので，手続きにやや手こずり，何度も採用担当の方に問い合わせて確認をして頂きました。何1つ嫌な顔をせず，真摯に対応してくださり，非常に好印象を受けました
・面接は最終面接のみでしたが，当日にお会いしたときにも優しく対応して下さいました

技術職志望の方は，自分の研究内容を簡潔に分かりやすく説明できるように練習しておきましょう

技術系（研究職）2018卒

エントリーシート

・形式：採用ホームページから記入
・内容：研究概要，自信を持って取り組んだこと，挑戦したいこと，希望職種とその理由

セミナー

・選考とは無関係
・服装：リクルートスーツ
・内容：OB，OG交流会は，会社説明＋立食形式の懇談会だった。気楽な感じで社員の方と話ができた

筆記試験

・形式：Webテスト
・科目：SPI（英語／数学，算数／国語，漢字／性格テスト）

面接（個人・集団）

・雰囲気：和やか
・回数：3回
・質問内容：研究について発表して，その内容についての質疑応答という感じ。結構細かいところまで聞かれたりした

内定

・通知方法：電話

▶ その他受験者からのアドバイス

・よかった点は，面接時の研究に対しての質問から，社員の方のレベルの高さを感じた
・よくなかった点は，人事の方の対応が遅いと感じた

1日で様々な職種の社員さんのお話が聞けるため，セミナーには積極的に参加しましょう

Open採用 2018卒

エントリーシート

・内容：学生時代の取り組みの中で，あなたが自信を持ってやり遂げたと言えるエピソード，その背景と，あなた自身が取った行動，その結果をできるだけ具体的に，あなたが富士通で挑戦したいこと

セミナー

・選考とは無関係
・服装：リクルートスーツ

筆記試験

・形式：Webテスト
・科目：英語／数学，算数／国語，漢字／性格テスト

面接（個人・集団）

・雰囲気：和やか
・回数：3回
・質問内容：志望理由（富士通の志望理由と希望職種の志望理由），入社後にやりたいこと，ガクチカの深掘り，逆質問など

内定

・通知方法：電話

● その他受験者からのアドバイス

・面接前の控室で，若手人事の方が学生の緊張を解そうと努力して頂ける
・面接の度に，面接官の方からフィードバックを頂ける
・面接の合否通知が翌日と早い

面接では変にマニュアル通りのマナーに固執したりせず，自分の素直さを全面に出してください

総合職 2018卒

エントリーシート

・形式：採用ホームページから記入
・内容：入社後どのような仕事がしたいか，富士通で実現したいこと，学生時代に注力したこと，最も取り組んだ学業内容

セミナー

・選考とは無関係
・服装：リクルートスーツ

筆記試験

・形式：Webテスト
・科目：数学，算数／国語，漢字／性格テスト

面接（個人・集団）

・雰囲気：和やか
・回数：3回
・質問内容：富士通でやりたいこと，志望動機，なぜ富士通か，これまでもっとも頑張ってきたこと，これまでもっとも苦悩，苦労した経験

内定

・拘束や指示：内々定通知の電話の際に，「御社に入りたい」旨を伝えたため，翌日までに他社の選考を断り連絡を改めてするよう求められた
・通知方法：電話
・タイミング：予定より早い

● その他受験者からのアドバイス

・選考連絡が早く，面接も短期間で終わる。電話で最終面談後にフィードバックをくれるのが良かった
・受験者人数が非常に多いので仕方ないが，面接までの待ち時間が長い

✔ 有価証券報告書の読み方

01 部分的に読み解くことからスタートしよう

　「有価証券報告書（以下，有報）」という名前を聞いたことがある人も少なくはないだろう。しかし，実際に中身を見たことがある人は決して多くはないのではないだろうか。有報とは上場企業が年に１度作成する，企業内容に関する開示資料のことをいう。開示項目には決算情報や事業内容について，従業員の状況等について記載されており，誰でも自由に見ることができる。

　一般的に有報は，証券会社や銀行の職員，または投資家などがこれを読み込み，その後の戦略を立てるのに活用しているイメージだろう。その認識は間違いではないが，だからといって就活に役に立たないというわけではない。就活を有利に進める上で，お得な情報がふんだんに含まれているのだ。ではどの部分が役に立つのか，実際に解説していく。

■有価証券報告書の開示内容
　では実際に，有報の開示内容を見てみよう。

有価証券報告書の開示内容
第一部【企業情報】
第1　【企業の概況】
第2　【事業の状況】
第3　【設備の状況】
第4　【提出会社の状況】
第5　【経理の状況】
第6　【提出会社の株式事務の概要】
第7　【提出会社の状参考情報】
第二部【提出会社の保証会社等の情報】
第1　【保証会社情報】
第2　【保証会社以外の会社の情報】
第3　【指数等の情報】

有報は記載項目が統一されているため，どの会社に関しても同じ内容で書かれている。このうち就活において必要な情報が記載されているのは，第一部の第1【企業の概況】〜第5【経理の状況】まで，それ以降は無視してしまってかまわない。

02 企業の概況の注目ポイント

第1【企業の概況】には役立つ情報が満載。そんな中，最初に注目したいのは，冒頭に記載されている【主要な経営指標等の推移】の表だ。

回次		第25期	第26期	第27期	第28期	第29期
決算年月		平成24年3月	平成25年3月	平成26年3月	平成27年3月	平成28年3月
営業収益	(百万円)	2,532,173	2,671,822	2,702,916	2,756,165	2,867,199
経常利益	(百万円)	272,182	317,487	332,518	361,977	428,902
親会社株主に帰属する当期純利益	(百万円)	108,737	175,384	199,939	180,397	245,309
包括利益	(百万円)	109,304	197,739	214,632	229,292	217,419
純資産額	(百万円)	1,890,633	2,048,192	2,199,357	2,304,976	2,462,537
総資産額	(百万円)	7,060,409	7,223,204	7,428,303	7,605,690	7,789,762
1株当たり純資産額	(円)	4,738.51	5,135.76	5,529.40	5,818.19	6,232.40
1株当たり当期純利益	(円)	274.89	443.70	506.77	458.95	625.82
潜在株式調整後1株当たり当期純利益	(円)	—	—	—	—	—
自己資本比率	(%)	26.5	28.1	29.4	30.1	31.4
自己資本利益率	(%)	5.9	9.0	9.5	8.1	10.4
株価収益率	(倍)	19.0	17.4	15.0	21.0	15.5
営業活動によるキャッシュ・フロー	(百万円)	558,650	588,529	562,763	622,762	673,109
投資活動によるキャッシュ・フロー	(百万円)	△370,684	△465,951	△474,697	△476,844	△499,575
財務活動によるキャッシュ・フロー	(百万円)	△152,428	△101,151	△91,367	△86,636	△110,265
現金及び現金同等物の期末残高	(百万円)	167,525	189,262	186,057	245,170	307,809
従業員数[ほか，臨時従業員数]	(人)	71,729 [27,746]	73,017 [27,312]	73,551 [27,736]	73,329 [27,313]	73,053 [26,147]

見慣れない単語が続くが，そう難しく考える必要はない。特に注意してほしいのが，**営業収益**，**経常利益**の二つ。営業収益とはいわゆる**総売上額**のことであり，これが企業の本業を指す。その営業収益から営業費用（営業費（販売費＋一般管理費）＋売上原価）を差し引いたものが**営業利益**となる。会社の業種はなんであれ，モノを顧客に販売した合計値が営業収益であり，その営業収益から人件費や家賃，広告宣伝費などを差し引いたものが営業利益と覚えておこう。対して経常利益は営業利益から本業以外の損益を差し引いたもの。いわゆる金利による収益や不動産収入などがこれにあたり，本業以外でその会社がどの程度の力をもっているかをはかる絶好の指標となる。

■会社のアウトラインを知れる情報が続く。

　この主要な経営指標の推移の表につづいて、「会社の沿革」、「事業の内容」、「関係会社の状況」「従業員の状況」などが記載されている。自分が試験を受ける企業のことを、より深く知っておくにこしたことはない。会社がどのように発展してきたのか、主としている事業はどのようなものがあるのか、従業員数や平均年齢はどれくらいなのか、志望動機などを作成する際に役立ててほしい。

03 事業の状況の注目ポイント

　第2となる【事業の状況】において、最重要となるのは**業績等の概要**といえる。ここでは1年間における収益の増減の理由が文章で記載されている。「○○という商品が好調に推移したため、売上高は△△になりました」といった情報が、比較的易しい文章で書かれている。もちろん、損失が出た場合に関しても包み隠さず記載してあるので、その会社の1年間の動向を知るための格好の資料となる。

　また、業績については各事業ごとに細かく別れて記載してある。例えば鉄道会社ならば、①運輸業、②駅スペース活用事業、③ショッピング・オフィス事業、④その他といった具合だ。**どのサービス・商品がどの程度の売上を出したのか**、会社の持つ展望として、今後**どの事業をより活性化**していくつもりなのか、などを意識しながら読み進めるとよいだろう。

■「対処すべき課題」と「事業等のリスク」

　業績等の概要と同様に重要となるのが、「**対処すべき課題**」と「**事業等のリスク**」の2項目といえる。ここで読み解きたいのは、その会社の**今後の伸びしろ**について。いま、会社はどのような状況にあって、どのような課題を抱えているのか。また、その課題に対して取られている対策の具体的な内容などから経営方針などを読み解くことができる。リスクに関しては法改正や安全面、他の企業の参入状況など、会社にとって決してプラスとは言えない情報もつつみ隠さず記載してある。客観的にその会社を再評価する意味でも、ぜひ目を通していただきたい。

　次代を担う就活生にとって、ここの情報はアピールポイントとして組み立てやすい。「新事業の○○の発展に際して……」、「御社が抱える●●というリスクに対して……」などという発言を面接時にできれば、面接官の心証も変わってくるはずだ。

最後に注目したいのが，第5【経理の状況】だ。ここでは，簡単にいえば【主要な経営指標等の推移】の表をより細分化した表が多く記載されている。ここの情報をすべて理解するのは，簿記の知識がないと難しい。しかし，そういった知識があまりなくても，読み解ける情報は数多くある。例えば**損益計算書**などがそれに当たる。

連結損益計算書

(単位：百万円)

	前連結会計年度 (自 平成26年4月1日 至 平成27年3月31日)	当連結会計年度 (自 平成27年4月1日 至 平成28年3月31日)
営業収益	2,756,165	2,867,199
営業費		
運輸業等営業費及び売上原価	1,806,181	1,841,025
販売費及び一般管理費	※1 522,462	※1 538,352
営業費合計	2,328,643	2,379,378
営業利益	427,521	487,821
営業外収益		
受取利息	152	214
受取配当金	3,602	3,703
物品売却益	1,438	998
受取保険金及び配当金	8,203	10,067
持分法による投資利益	3,134	2,565
雑収入	4,326	4,067
営業外収益合計	20,858	21,616
営業外費用		
支払利息	81,961	76,332
物品売却損	350	294
雑支出	4,090	3,908
営業外費用合計	86,403	80,535
経常利益	361,977	428,902
特別利益		
固定資産売却益	※4 1,211	※4 838
工事負担金等受入額	※5 59,205	※5 24,487
投資有価証券売却益	1,269	4,473
その他	5,016	6,921
特別利益合計	66,703	36,721
特別損失		
固定資産売却損	※6 2,088	※6 1,102
固定資産除却損	※7 3,957	※7 5,105
工事負担金等圧縮額	※8 54,253	※8 18,346
減損損失	※9 12,738	※9 12,297
耐震補強重点対策関連費用	8,906	10,288
災害損失引当金繰入額	1,306	25,085
その他	30,128	8,537
特別損失合計	113,379	80,763
税金等調整前当期純利益	315,300	384,860
法人税，住民税及び事業税	107,540	128,972
法人税等調整額	26,202	9,326
法人税等合計	133,742	138,298
当期純利益	181,558	246,561
非支配株主に帰属する当期純利益	1,160	1,251
親会社株主に帰属する当期純利益	180,397	245,309

　主要な経営指標等の推移で記載されていた**経常利益**の算出する上で必要な営業外収益などについて，詳細に記載されているので，一度目を通しておこう。

　いよいよ次ページからは実際の有報が記載されている。ここで得た情報をもとに有報を確実に読み解き，就職活動を有利に進めよう。

✔ 有価証券報告書

※抜粋

企業の概況

1 主要な経営指標等の推移

（1） 連結経営指標等

連結会計年度		2018年度	2019年度	2020年度	2021年度	2022年度
売上収益	（百万円）	3,952,437	3,857,797	3,589,702	3,586,839	3,713,767
営業利益	（百万円）	130,227	211,483	266,324	219,201	335,614
税引前利益	（百万円）	161,785	228,564	291,855	239,986	371,876
当期利益	（百万円）	110,718	160,326	213,523	213,141	244,865
親会社の所有者に帰属する当期利益	（百万円）	104,562	160,042	202,700	182,691	215,182
当期包括利益	（百万円）	95,511	170,306	277,091	263,094	219,344
親会社の所有者に帰属する当期包括利益	（百万円）	89,311	171,361	264,945	231,311	188,329
資本合計	（百万円）	1,253,630	1,348,435	1,546,905	1,715,749	1,736,823
資産合計	（百万円）	3,104,842	3,187,445	3,190,206	3,331,809	3,265,579
1株当たり親会社所有者帰属持分	（円）	5,585.35	6,197.11	7,287.15	8,094.70	8,425.37
親会社の所有者に帰属する基本的1株当たり当期利益	（円）	512.50	791.20	1,013.78	924.21	1,107.63
親会社の所有者に帰属する希薄化後1株当たり当期利益	（円）	512.33	790.76	1,012.63	922.97	1,105.41
親会社の所有者に帰属する持分合計	（百万円）	1,132,055	1,240,956	1,450,139	1,590,713	1,586,835
親会社所有者帰属持分比率	（％）	36.5	38.9	45.5	47.7	48.6
親会社所有者帰属持分当期利益率	（％）	9.4	13.5	15.1	12.0	13.5
株価収益率	（倍）	15.58	12.33	15.78	19.93	16.10
営業活動によるキャッシュ・フロー	（百万円）	99,416	347,263	307,947	248,347	220,329
投資活動によるキャッシュ・フロー	（百万円）	4,142	△114,206	△71,561	△59,267	△42,809
財務活動によるキャッシュ・フロー	（百万円）	△136,622	△193,164	△219,626	△193,685	△313,585
現金及び現金同等物の期末残高	（百万円）	416,742	453,036	481,833	484,020	355,901
従業員数〔外、平均臨時雇用人員〕	（人）	132,138〔13,707〕	129,071〔12,876〕	126,371〔12,327〕	124,216〔12,674〕	124,055〔11,738〕

(point) 主要な経営指標等の推移

　　数年分の経営指標の推移がコンパクトにまとめられている。見るべき箇所は連結の売上，利益，株主資本比率の3つ。売上と利益は順調に右肩上がりに伸びているか，逆に利益で赤字が続いていたりしないかをチェックする。株主資本比率が高いとリーマンショックなど景気が悪化したときなどでも経営が傾かないという安心感がある。

(注) 1. 当社は，国際会計基準（以下，IFRS）に準拠して連結財務諸表を作成しております。

2. 平均臨時雇用人員は，嘱託社員，契約社員，パートタイマー，アルバイト等の従業員を含み，派遣社員は含めておりません。

(2) 提出会社の経営指標等

回次		第119期	第120期	第121期	第122期	第123期
決算年月		2019年3月	2020年3月	2021年3月	2022年3月	2023年3月
売上高	（百万円）	1,931,892	2,092,098	1,970,684	1,742,360	1,804,001
経常損益	（百万円）	6,102	181,342	143,367	163,066	143,566
当期純損益	（百万円）	46,371	182,198	158,121	201,143	179,277
資本金	（百万円）	324,625	324,625	324,625	324,625	324,625
発行済株式総数	（株）	207,001,821	207,001,821	207,001,821	207,001,821	207,001,821
純資産額	（百万円）	795,373	903,662	1,030,919	1,112,726	1,116,916
総資産額	（百万円）	1,966,461	1,941,581	1,950,670	1,904,118	1,892,051
1株当たり純資産額	（円）	3,924.22	4,512.72	5,180.51	5,662.36	5,930.31
1株当たり配当額 （1株当たり中間配当額）	（円） （円）	87.00 (7.00)	180.00 (80.00)	200.00 (100.00)	220.00 (110.00)	240.00 (120.00)
1株当たり当期純損益金額	（円）	227.28	900.73	790.82	1,017.56	922.80
潜在株式調整後1株当たり当期純利益金額	（円）	227.24	900.42	790.28	1,016.84	921.57
自己資本比率	（％）	40.4	46.5	52.8	58.4	59.0
自己資本利益率	（％）	5.8	21.4	16.3	18.8	16.1
株価収益率	（倍）	35.14	10.83	20.23	18.10	19.33
配当性向	（％）	66.0	20.0	25.3	21.6	26.0
従業員数	（人）	31,827	32,568	32,026	34,430	35,092
株主総利回り （比較指標：TOPIX（配当込み））	（％） （％）	124.3 (95.0)	154.0 (85.9)	252.4 (122.2)	292.7 (124.6)	287.5 (131.8)
最高株価	（円）	8,260 (826.5)	12,950	17,250	22,095	20,670
最低株価	（円）	6,370 (633.0)	7,101	9,195	14,615	15,320

(注) 1. 第119期の1株当たり配当額87.00円は，中間配当額7.00円と期末配当額80.00円の合計となっております。

当社は，2018年10月1日を効力発生日として，普通株式10株につき1株の割合で株式併合を実施したため，中間配当額7.00円は株式併合前の配当額，期末配当額80.00円は株式併合後の配当額となっております。

2. 最高株価及び最低株価は，2022年4月4日付けの東京証券取引所（プライム市場）におけるもので

あり，それ以前は東京証券取引所（市場第一部）におけるものであります。なお，当社は，2018年10月1日を効力発生日として，普通株式10株につき1株の割合で株式併合を実施したため，第119期の株価については，株式併合後の最高株価及び最低株価を記載し，（　）に株式併合前の最高株価及び最低株価を記載しております。

3. 「収益認識に関する会計基準」（企業会計基準第29号　2020年3月31日）等を第122期の期首から適用しており，第122期以降の主要な経営指標等については，当該会計基準等を適用した後の指標等となっております。

2　沿革

年月	摘要
1935年6月	・富士電機製造（株）（現　富士電機（株））より電話交換装置・電話機・装荷線輪の製造及び販売権を承継し，富士通信機製造株式会社として設立
1938年11月	・本店を神奈川県川崎市（中原区）上小田中に移転
1944年11月	・（株）金岩工作所（現　富士通フロンテック（株））をグループ会社化（1988年2月東京証券取引所に上場，2020年12月当社の完全子会社化により上場廃止）
1949年5月	・東京証券取引所再開と同時に上場
1951年5月	・電子計算機の製造を開始
1953年8月	・無線通信機器の製造を開始
1954年4月	・電子デバイスの製造を開始
1957年6月	・新光電気工業（株）をグループ会社化（1984年12月東京証券取引所に上場）
1960年12月	・大阪証券取引所に上場（現在，東京証券取引所に統合）
1961年10月	・名古屋証券取引所に上場
1962年5月	・富士通研究所を設置（1968年11月に（株）富士通研究所として独立，2021年4月に当社に統合）
1967年6月	・富士通株式会社に商号変更
1972年4月	・富士電気化学（株）（現　FDK（株））をグループ会社化（1969年10月東京証券取引所に上場）
1976年4月	・フランクフルト証券取引所に上場（2009年12月上場廃止）
1981年10月	・ロンドン証券取引所に上場（2014年1月上場廃止）
1983年9月	・チューリッヒ，バーゼル，ジュネーブの各証券取引所（現在，各証券取引所はスイス証券取引所に統合）に上場（2009年12月上場廃止）
1986年2月	・日商岩井（株）との合弁により（株）エヌ・アイ・エフ（ニフティ（株））に商号変更。現　富士通クラウドテクノロジーズ（株））を設立（2006年12月東京証券取引所に上場，2016年7月当社の完全子会社化により上場廃止）

1989年3月	・保守部門の一部を分離独立し，富士通カストマエンジニアリング（株）（現（株）富士通エフサス）を設立（2004年10月株式交換により完全子会社化）
1990年11月	・英国ICL PLC（現　Fujitsu Services Holdings PLC）をグループ会社化
1991年4月	・携帯電話の販売を開始
10月	・米国にFujitsu Network Transmission Systems, Inc.（現　Fujitsu Network Communications, Inc.）を設立
1995年12月	・富士通館林システムセンター（現　館林データセンター）開設
1997年11月	・富士通明石システムセンター（現　明石データセンター）開設
1999年10月	・ドイツSiemens AGとの合弁によりFujitsu Siemens Computers（Holding）B.V.（現　Fujitsu Technology Solutions（Holding）B.V.）を設立（2009年4月株式取得により完全子会社化）
2001年9月	・（株）高見澤電機製作所と富士通高見澤コンポーネント（株）が株式移転により富士通コンポーネント（株）を設立，東京証券取引所に上場（2018年11月株式併合により上場廃止）
2002年4月	・サーバ事業及びストレージシステム事業を（株）PFUと共同で会社分割し，（株）富士通ITプロダクツを設立
2005年3月	・プラズマディスプレイモジュール事業を（株）日立製作所に譲渡
4月	・液晶デバイス事業をシャープ（株）に譲渡する契約を締結
2008年3月	・LSI事業を会社分割し，富士通マイクロエレクトロニクス（株）（現　富士通セミコンダクター（株））を設立
10月	・Fujitsu North America Holdings, Inc.を設立
2009年4月	・Fujitsu Computer Systems CorporationがFujitsu Consulting Holdings Inc.と合併し，Fujitsu America, Inc.へ商号変更
5月	・第三者割当増資の引受によりFDK（株）を連結子会社化
7月	・ハードディスク記憶媒体事業を昭和電工（株）へ譲渡
10月	・ハードディスクドライブ事業を（株）東芝へ譲渡
2017年4月	・個人向けプロバイダ事業を（株）ノジマへ譲渡
11月	・カーエレクトロニクス事業を（株）デンソーへ譲渡
2018年3月	・携帯端末事業をポラリス・キャピタル・グループ（株）へ譲渡
5月	・個人向けパソコン事業を中国Lenovo Group Limitedへ譲渡
2019年1月	・富士通コンポーネント（株）を独立系投資会社ロングリーチグループへ譲渡
2020年1月	・Ridgelinez（株）を設立
10月	・富士通Japan（株）を設立

(point) **沿革**

どのように創業したかという経緯から現在までの会社の歴史を年表で知ることができる。過去に行った重要なM＆Aなどがいつ行われたのか，ブランド名はいつから使われているのか，いつ頃から海外進出を始めたのか，など確認することができて便利だ。

3 事業の内容

　当社及び子会社297社（うち連結子会社291社）は，ICT（Information and Communication Technology）分野において，各種サービスを提供するとともに，これらを支える最先端，高性能，かつ高品質のプロダクト及び電子デバイスの開発，製造，販売から保守運用までを総合的に提供する，トータルソリューションビジネスを行っております。主要なビジネスである「テクノロジーソリューション」については，当社が中心となって，「デバイスソリューション」については，当社の連結子会社である新光電気工業（株）が中心となって，グループ各社とともに最先端のテクノロジーを駆使した製品の開発，製造及び販売並びにサービスの提供を行っております。また，「ユビキタスソリューション」については，当社や当社の連結子会社である（株）富士通パーソナルズにおいて，製品の販売を行っております。

　各セグメントの主要な製品及びサービスの内容並びに関連会社（52社）を含めた当社及び関係会社各社の位置付け（2023年3月31日現在）は以下のとおりです。

〔テクノロジーソリューション〕

　主要製品・サービスの内容：

- ・システムインテグレーション（システム構築，業務アプリケーション等）
- ・コンサルティング
- ・アウトソーシングサービス
  （データセンター，ICT運用管理，アプリケーション運用・管理，ビジネスプロセスアウトソーシング等）
- ・クラウドサービス（IaaS，PaaS，SaaS等）
- ・ネットワークサービス（ビジネスネットワーク等）
- ・システムサポートサービス
  （情報システム及びネットワークの保守・監視サービス等）
- ・セキュリティソリューション
- ・各種ソフトウェア（ミドルウェア，OS）
- ・各種サーバ（メインフレーム，UNIXサーバ，基幹IAサーバ，PCサーバ等）
- ・ストレージシステム
- ・フロントテクノロジー（ATM，POSシステム等）

・車載制御ユニット及び車載情報システム

・ネットワーク管理システム

・光伝送システム

・携帯電話基地局

取り扱う主な会社　　　　：当社

　　　　　　　　　　　　　（子会社）

　　　　　　　　　　　　　富士通フロンテック（株），（株）トランストロン，

　　　　　　　　　　　　　富士通テレコムネットワークス（株），

　　　　　　　　　　　　　富士通アイソテック（株），Ridgelinez（株），

　　　　　　　　　　　　　富士通Japan（株），（株）富士通エフサス，

　　　　　　　　　　　　　富士通ネットワークソリューションズ（株），

　　　　　　　　　　　　　Fujitsu Network Communications, Inc.,

　　　　　　　　　　　　　Fujitsu Services Holdings PLC,

　　　　　　　　　　　　　Fujitsu North America, Inc., Fujitsu Australia Limited,

　　　　　　　　　　　　　Fujitsu Asia Pte. Ltd.

　　　　　　　　　　　　　Fujitsu Technology Solutions（Holding）B.V.等

〔ユビキタスソリューション〕

　主要製品・サービスの内容：・パソコン

　取り扱う主な会社　　　　：当社

　　　　　　　　　　　　　（子会社）

　　　　　　　　　　　　　（株）富士通パーソナルズ

　　　　　　　　　　　　　Fujitsu Technology Solutions（Holding）B.V. 等

〔デバイスソリューション〕

　主要製品・サービスの内容：・電子部品（半導体パッケージ，電池等）

　取り扱う主な会社　　　　：（子会社）

　　　　　　　　　　　　　新光電気工業（株），FDK（株）等

また，関連会社の事業の内容については以下のとおりです。

(point) **事業の内容**

　会社の事業がどのようにセグメント分けされているか，そして各セグメントではどの
ようなビジネスを行っているかなどの説明がある。また最後に事業の系統図が載せて
あり，本社，取引先，国内外子会社の製品・サービスや部品の流れが分かる。ただセ
グメントが多いコングロマリットをすぐに理解するのは簡単ではない。

名称	事業の内容
㈱富士通ゼネラル	空調機、情報通信機器及び電子デバイス製品の開発、製造及び販売並びにサービスの提供
富士通クライアントコンピューティング㈱	ノートパソコン、デスクトップパソコン等の開発、設計、製造及び販売
FLCS㈱	情報処理機器、通信機器等の賃貸及び販売
㈱PFU	情報システム及びICT関連機器の開発、製造及び販売並びにサービスの提供

　なお，富士通リース（株）は，2022年4月1日付で，FLCS（株）に商号を変更しております。

　当社及び関係会社の状況を事業系統図で示すとおおむね以下のとおりです

（2023年3月31日現在）

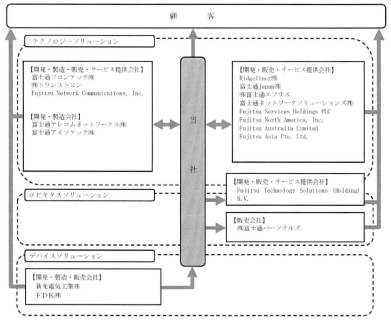

（持分法適用関連会社）

　（株）富士通ゼネラル，富士通クライアントコンピューティング（株），FLCS（株），

　（株）PFU 等

---

point Information and Communication Technology（ICT）

　企業向けICT領域拡大，新ICT活用領域拡大，グローバル事業拡大が成長戦略の3本柱。企業向けはクラウド，端末中心からアプリケーション・サービスビジネスを拡張するモバイルの伸びを想定。新領域は，健康・医療，次世代交通，食・農業分野での拡大。グローバル事業では，事業体制を見直し，共通のサービスを展開する予定だ。

（1） 連結子会社 ・・・

2023年3月31日現在

名称	住所	資本金 （百万円）	事業の内容	議決権に対する所有割合（％）	関係内容	
					役員の兼任等	営業上の取引等
富士通フロンテック㈱	東京都稲城市	8,457	フロントテクノロジー製品及び関連ソリューション・サービスの提供	100	なし	製品の一部を当社へ納入
㈱トランストロン	横浜市港北区	1,000	自動車関連エレクトロニクス製品及び車載用情報機器の開発、製造及び販売並びにサービスの提供	51.00	あり	製品の一部を当社へ納入
富士通テレコムネットワークス㈱	栃木県小山市	100	ネットワーク機器及びネットワークシステム等の製造	100	あり	当社製品の製造
富士通アイソテック㈱	福島県伊達市	100	PCサーバの製造並びにプリンタの開発、製造及び販売	100	あり	当社製品の製造
Ridgelinez㈱	東京都千代田区	100	デジタルトランスフォーメーションに関するコンサルティング及び調査研究活動	100	あり	当社顧客に対するコンサルティングサービスの提供
富士通Japan㈱ ※1、※4	東京都港区	12,220	自治体、医療・教育機関、及び民間分野のソリューション・SI、パッケージの開発から運用までの一貫したサービス提供。AIやクラウドサービス、ローカル5Gなどを活用したDXビジネスの推進	100	あり	当社顧客に対するアウトソーシングサービス等の提供、当社製品の販売及び保守並びに当社パートナーの支援
㈱富士通エフサス	川崎市中原区	9,401	情報システムの構築並びに保守及び運用サービスの提供並びに情報システム向け機器及びソフトウェアの販売	100	あり	当社製品の販売及び保守
富士通ネットワークソリューションズ㈱	川崎市幸区	3,942	ネットワークシステムの企画、コンサルティング、設計及び施工管理並びに運用及び保守並びにサービスの提供	100	あり	当社製品の販売及び保守
㈱富士通パーソナルズ	川崎市中原区	100	パソコン等の販売及びサービスの提供	100	あり	当社製品の販売
新光電気工業㈱ ※2	長野県長野市	24,223	半導体パッケージの開発、製造及び販売	50.04	なし	製品の一部を当社へ納入
FDK㈱ ※2	東京都港区	31,709	各種電池及び電子部品の開発、製造及び販売	58.90	なし	製品の一部を当社へ納入
Fujitsu Network Communications, Inc.	米国	千米国ドル 240,815	ネットワーク機器・システムの開発、製造、販売及び工事並びに関連するサービスの提供	100	あり	当社製品の北米における開発、製造、販売、工事及び保守
Fujitsu Services Holdings PLC ※1	英国	千スターリング・ポンド 1,598,001	コンサルティング並びにシステム構築、保守及び運用に関する各種サービスの提供並びに情報システム向け機器及びソフトウェアの販売	100	あり	当社海外顧客に対する情報システムサービスの提供
Fujitsu North America, Inc.	米国	千米国ドル 20,439	コンサルティング並びにシステム構築、保守及び運用に関する各種サービスの提供並びに情報システム向け機器及びソフトウェアの販売	100	あり	当社海外顧客に対する情報システムサービスの提供
Fujitsu Australia Limited	オーストラリア	千オーストラリア・ドル 265,299	コンサルティング並びにシステム構築、保守及び運用に関する各種サービスの提供並びに情報システム向け機器及びソフトウェアの販売	100	なし	当社海外顧客に対する情報システムサービスの提供

名称	住所	資本金 (百万円)	事業の内容	議決権に対 する所有割 合（%）	関係内容	
					役員の 兼任等	営業上の取引等
Fujitsu Asia Pte. Ltd.	シンガポール	千シンガポー ルドル 30,445	コンサルティング、システム構築、 保守及び運用に関する各種サービス の提供並びに情報システム向け機器 及びソフトウェアの販売	100	あり	当社海外顧客に対する 情報システムサービス の提供
Fujitsu Technology Solutions (Holding) B.V. ※1、※3、※4	オランダ	千ユーロ 272,752	コンサルティング並びにシステムの 構築、保守及び運用に関する各種サ ービスの提供並びに情報システム向 け機器及びソフトウェアの販売	100	あり	当社海外顧客に対する 情報システムサービス の提供

（2） 持分法適用関連会社 ···

2023年3月31日現在

名称	住所	資本金 (百万円)	事業の内容	議決権に対 する所有割 合（%）	関係内容	
					役員の 兼任等	営業上の取引等
㈱富士通ゼネラル ※2	川崎市高津区	18,172	空調機、情報通信機器及び電子デバ イス製品の開発、製造及び販売並び にサービスの提供	44.07	あり	当社製品の受託製造及 び販売
富士通クライアントコンピ ューティング㈱	川崎市幸区	400	ノートパソコン、デスクトップパソ コン等の開発、設計、製造及び販売	44.00	あり	製品の一部を当社へ納 入
FLCS㈱	東京都千代田 区	1,000	情報処理機器、通信機器等の賃貸及 び販売	20.00	あり	当社製品の賃貸及び販 売
㈱PFU	石川県かほく 市	15,000	情報システム及びICT関連機器の開 発、製造及び販売並びにサービスの 提供	20.00	あり	当社顧客に対する情報 システムサービスの提 供並びに当社製品の販 売及び保守

（注） 1. 上記以外の連結子会社数は274社です。

2. 上記以外の持分法適用関連会社数は15社です。

3. ※1の会社は特定子会社に該当します。

4. ※2の会社は有価証券届出書又は有価証券報告書を提出している会社です。

5. ※3の会社は債務超過会社で、債務超過の金額は、2023年3月末時点で以下のとおりです。

  Fujitsu Technology Solutions (Holding) B.V.（その連結子会社を含む） 59,429百万円

6. ※4の会社は売上高（連結会社相互間の内部売上高を除く）の連結売上高に占める割合が10％を超えております。主要な損益情報等は以下の通りです。

  富士通Japan（株）（その連結子会社を含む）

    （1）売上高   556,090百万円

    （2）経常利益   41,718百万円

    （3）当期純利益 28,810百万円

    （4）純資産   90,330百万円

    （5）総資産   266,328百万円

  Fujitsu Technology Solutions (Holding) B.V.（その連結子会社を含む）

    （1）売上高   422,917百万円

(2) 経常利益　△ 10,929 百万円
(3) 当期純利益　△ 15,799 百万円
(4) 純資産　△ 59,429 百万円
(5) 総資産　229,523 百万円

5　従業員の状況

(1)　連結会社の状況 ······················

2023年3月31日現在

セグメントの名称	従業員数（人）
テクノロジーソリューション	115,290
ユビキタスソリューション	367
デバイスソリューション	8,398
合計	124,055

(注) 1. 従業員数は就業人員（当社グループ（当社及び連結子会社）からグループ外への出向者を除き，グループ外から当社グループへの出向者を含む。）です。
　　 2. 上表のほか，当連結会計年度（以下，当年度）における平均臨時雇用人員は11,738人です。

(2)　提出会社の状況 ······················

2023年3月31日現在

従業員数（人）	平均年齢（歳）	平均勤続年数（年）	平均年間給与（円）
35,092	43.7	19.1	8,789,575

セグメントの名称	従業員数（人）
テクノロジーソリューション	34,977
ユビキタスソリューション	115
合計	35,092

(注) 1. 従業員数は就業人員数（当社から当社外への出向者を除き，当社外から当社への出向者を含む。）です。
　　 2. 平均年間給与は，税込額で時間外勤務手当等及び賞与その他の臨時給与を含んでおります。なお，就業人員数から，当社外から当社への出向者を除いて算出しております。
　　 3. 平均年齢及び平均勤続年数は，就業人員の平均です。

(3)　労働組合の状況 ······················

　当社グループには，全富士通労働組合連合会等が組織されており，同組合員数は約56,000名です。なお，春季交渉など同組合との主要な交渉事項については，いずれも解決しており，労使関係は引き続き安定しております。

(point) 関係会社の状況

　主に子会社のリストであり，事業内容や親会社との関係についての説明がされている。特に製造業の場合などは子会社の数が多く，すべてを把握することは難しいが，重要な役割を担っている子会社も多くある。有報の他の項目では一度も触れられていない場合が多いので，気になる会社については個別に調べておくことが望ましい。

事業の状況

1 経営方針，経営環境及び対処すべき課題等

　文中の将来に関する事項は，当連結会計年度末現在において当社グループが判断したものです。

　当社グループは，社会における存在意義，パーパスを「イノベーションによって社会に信頼をもたらし，世界をより持続可能にしていくこと」と定めております。すべての事業活動をこのパーパス実現のための活動として取り組んでおり，そのためには，健全な利益と成長を実現し，企業価値を持続的に向上させることが重要と考えております。

＜市場環境＞

　当社グループをとりまく市場環境については，従来型の基幹システムなどの既存IT市場は，緩やかに縮小していくと予測されています。一方で，レガシーシステムのリプレイスメントやモダナイゼーションへの投資は今後も堅調に増えると予測されています。さらに，AI（人工知能）やデータ活用などデジタル化に向けた投資は，社会や企業の成長・発展へのニーズに加え社会システムや生活様式の変化に向けたニーズもあり，今後も拡大すると想定されています。

　このような状況のもと，当社グループは，2022年度を最終年度とする経営方針に則り，ますます需要が高まる企業のDX（デジタルトランスフォーメーション）を牽引し社会課題の解決に貢献する企業への変革を目指して活動してまいりました。また，2030年及びそれ以降の目指す姿の実現に向けて，2023年度から2025年度までの3年間を持続的な成長と収益力向上のモデルを構築する期間と位置付け，新たな中期経営計画を策定し達成に向けた取り組みを開始しております。

＜2022年度までの経営方針振り返り＞

　2022年度を最終年度とする経営方針では，当社グループは，「お客様への価値創造」と「自らの変革」に向けて，それぞれ施策を設定し取り組んでまいりました。

　「お客様への価値創造」においては，次の施策に取り組んでまいりました。グローバルビジネス戦略の再構築として，サービスビジネスへのシフトとそのための体

(point) **本業との関係が薄いニフティを売却か**

　子会社ニフティの売却がもし実現すれば，個人向けサービスからの撤退は他事業とのシナジー効果が薄いことからも戦略的にポジティブだ。ニフティは過去数年，営業黒字を確保しているが，業界の競争が激しいため，今後の収益悪化は避けられないだろう。そうなる前に売却に踏み切ることは戦略的に合理的な判断と言える。

質強化を目指し，グローバル共通のポートフォリオに沿った重点アカウントの選定やオファリングの拡充及び体制の見直しを図ってまいりました。グローバル共通となる Fujitsu Uvance の提供をスタートし，2022年度で2,000億円の売上を達成しました。2022年4月に，欧州の2リージョンを統合した Europe リージョン，アジアとオセアニアを一体化した Asia Pacific リージョン，そして Americas リージョン，Japan リージョンの合計4リージョン体制に再編しました。事業責任者のグローバルワイドでの最適配置にも着手しており，欧州にソリューションビジネス，北米にネットワークビジネスの責任者を配置しました。

日本国内での課題解決力の強化として，日本の社会課題解決やデジタル化に貢献するための体制強化を継続して進めてまいりました。デザイン思考でお客様の潜在ニーズを掘り起こし，お客様との共感を通じて DX をリードするビジネスプロデューサー8,000人の研修を完了しており，このビジネスプロデューサーを中心に，商談スタイルの変革を進めてまいりました。

お客様事業の一層の安定化として，グローバルで統一された手法での開発を促進するため，サービスデリバリーの標準化及び最適化を行うとともに，こうした手法で開発・デリバリーを行うグローバルデリバリーセンター（GDC）と，日本固有の商習慣やニーズを踏まえてデリバリーを標準化する Japan Global Gateway の人員数を，合わせて3万人規模に増強しました。また，生産性の向上によるコスト競争力の強化を図ってまいりました

お客様の DX のベストパートナーとなるべく，お客様の事業や変革の達成をカスタマサクセスと定義し，その実現に向けたサポートの強化に取り組んでまいりました。開発や営業機能を一体化した組織において，お客様サポートを一元的に担い中長期の視点でお客様とともに動く Account General Manager を育成してまいりました。また，DX コンサルティング会社 Ridgelinez 株式会社を起点に，全社でのコンサルティング力強化を図りました。

一方，「自らの変革」としては，当社グループ自身の DX のため，社内システムや人員，体制の強化も含めた社内変革を進めてまいりました。

データドリブン経営の強化策として，データを活用してグループ全体の経営を高度化する OneFujitsu プログラムを全リージョン横断で推進しており，2022年

(point) **データサービスに乗り出す富士通テン**

富士通テンは富士通の自動車関連事業の中心的役割を担っている。カーナビ，カーオーディオから脱却して OEM 先を広げることが目標。ビッグデータを活用した新事業の可能性もある。現在のデータサービスは自動車メーカーが費用負担しているが，サービスが高度化すればユーザーに課金することが可能になるかもしれない。

4月にはOneCRMを始動させ，パイプラインマネジメントの統合とグローバルで統一した管理手法の導入を行いました。グループ全体でERPを統合するOneERP+も，グローバルでの稼働に向けて準備を進めております。また，全社DXプロジェクト「フジトラ」を中心に，全社員参加型の社内変革を進めてまいりました。グローバルで人材の流動性を高めるため，ポスティング制度の適用範囲拡大や，パーパス実現への貢献を評価するグローバル共通の評価制度「Connect」及びジョブ型人事制度の適用拡大などを進めてまいりました。これらの施策の結果，生産性が向上し，2022年度の社員一人当たりの営業利益は，2019年度と比較して60%増加しました。

施策の実行にあたり，サービス・オファリングの開発やM&Aをはじめとする外部への投資，将来を見据えたDXビジネス拡大のための戦略的な投資に加え，高度人材の獲得や社内の人材・システムの強化のための投資を行ってまいりました。

財務面に加えて，非財務面での取り組みも強化してまいりました。当社グループの掲げるパーパスの実現には，あらゆるステークホルダーとの信頼関係を築くことが必要と考え，お客様からの信頼を示す「お客様ネット・プロモーター・スコア（NPS）」，社員との結びつきを示す「従業員エンゲージメント」，そして，組織，カルチャーの変革の進捗を経済産業省が推進する「DX推進指標」を非財務分野における評価指標と定め，改善に取り組んだ結果，お客様NPS及びDX推進指標で目標値を達成しました。

＜新たな中期経営計画について＞

当社グループは，5月24日に新たな中期経営計画を発表しました。

まず，パーパス実現に向けて必要不可欠な貢献分野であるマテリアリティを，地球環境問題の解決，デジタル社会の発展，人々のウェルビーイングの向上の3分野に定め，この3つの分野で，気候変動，情報セキュリティの確保，生活の質の向上に向けた医療ヘルスケアの推進など，重点的に取り組むべき11の課題を設定しました。全社でマテリアリティへの取り組みを推進し，富士通グループの企業価値向上と持続可能な世界の実現を目指してまいります。

今回の中期経営計画では，2030年及びそれ以降のあるべき姿を見据えて，2025年における当社のあるべき姿と，ステークホルダーへの提供価値の最大化

---

point 長期的な従業員満足度の向上を目指す

社長はリストラに否定的で，16万人の従業員の長期的な満足度を上げることが企業にとって大きな力になると考えている。しかし同時に構造改革のスピードが若干遅いとも見られる。今後は無線関連技術を内部に保有しながら，「携帯電話」人員を他事業に転換するなどで，提携先や戦略の選択肢を広げる動きなども期待できる。

を実現するための4つの重点戦略を定めました。一つ目，事業モデル・ポートフォリオ戦略，二つ目，カスタマサクセス／地域戦略，三つ目，テクノロジー戦略，そして四つ目，リソース戦略です。

　一つ目，事業モデル・ポートフォリオ戦略では，成長領域への投資や効果をより明確にし，事業ポートフォリオのマネジメントを強化するため，事業セグメントの変更を行います。従来のテクノロジーソリューションを，サービスソリューションとハードウェアソリューションの2つに分類します。サービスソリューションは，Fujitsu Uvance を中心とするグローバル横断な On Cloud のデジタルサービスと，各リージョンが提供するサービスビジネスや従来型の OnPremise のサービスなどで構成されています。サービスソリューションは，当社の今後の成長を牽引する領域として，コンサルティング力の強化やパートナーとの戦略的アライアンスの強化，当社の先端テクノロジーの強化及びビジネスへの実装，そして，デジタルサービスを提供するための人材育成などに取り組み，成長を目指してまいります。一方ハードウェアソリューションは，ハードウェアの販売及びハードウェアの保守ビジネスで構成されます。

　二つ目，カスタマサクセス／地域戦略では，引き続き，コンサルティングを強化してまいります。Fujitsu Uvanceの Horizontal領域をはじめとするテクノロジー軸のコンサルティングと，Fujitsu Uvance の Vertical領域をはじめとする，事業，経営に関わるビジネス軸でのコンサルティングの両軸であるべき姿の実現に向けてお客様をご支援してまいります。リスキリングなどを実施し，2025年度までにコンサルティングスキルを持つ人員を，テクノロジーとビジネスで合わせて1万人に増強してまいります。

　また，モダナイゼーションビジネスを強化します。お客様の既存資産をしっかりと受け継ぎながら，テクノロジーとビジネス両面でのコンサルティング力や長年培ってきたエンジニアリング力，モダナイゼーション専任の組織やグローバルでのデリバリー体制といった独自の強みを活かして，最適なソリューションをご提案してまいります。

　地域戦略としては，日本においては，全業種のお客様のモダナイゼーションをサポートし，また，日本を起点にグローバルで事業を展開するお客様に，グロー

(point) **業績等の概要**

　この項目では今期の売上や営業利益などの業績がどうだったのか，収益が伸びたあるいは減少した理由は何か，そして伸ばすためにどんなことを行ったかということがセグメントごとに分かる。現在，会社がどのようなビジネスを行っているのか最も分かりやすい箇所だと言える。

バル標準のサービスやサポートを提供する体制を強化してまいります。その他の
リージョンでは，Fujitsu Uvance を中心としたグローバルなソリューションやサービスの提供を拡大してまいります。また，お客様への提供価値をグローバルで高めるため，戦略パートナーとのアライアンスも強化してまいります。

　お客様事業の一層の安定化に向けては，全社のガバナンス強化，情報セキュリティ強化，そしてシステム品質改善の3点を柱に取り組んでまいります。スピード感をもって各施策を確実に実行し，効果を測定して改善するというマネジメントを恒久的に実行してまいります。

　三つ目，テクノロジー戦略では，Fujitsu Uvance を支える5つのキーテクノロジーであるコンピューティング，ネットワーク，AI，データ＆セキュリティ，そしてコンバージングテクノロジーに引き続きリソースを集中させ重点的に研究開発を行ってまいります。今後は，AI を核にキーテクノロジーを強化し，付加価値としてビジネスに実装してまいります。

　四つ目，リソース戦略では，グローバル統一の Job Role を定義し，人材ポートフォリオの見える化や事業と連動した人材の育成計画をグローバルで進めてまいります。リスキリングやアップスキリングを行い，成長領域のリソースを拡充するとともに，人的資本経営の強化として，より個人にフォーカスしたキャリア形成や，自律性，自主性を重視した施策を展開してまいります。

　また，OneFujitsu プログラムを中心に，データドリブン経営の強化を進め，社内実践で得られた経験やノウハウを，価値としてお客様に提供してまいります。

　以上4つの戦略の実行においては，成長に寄与する投資を継続して，最適なアロケーションを実施いたします。

　財務面での経営目標として，2025年度は，連結で売上収益4兆2,000億円，調整後営業利益5,000億円，同利益率12％の達成を目指してまいります。

　非財務の領域においても，環境，お客様，生産性，そして人材の4つの項目において2025年度の KPI を定め，達成に向けて取り組んでまいります。

　環境での KPI としては，温室効果ガス削減量について，いずれも2020年度と比較し Scope1・2 では富士通グループで50％削減，Scope3 ではサプライチェーンで12.5％の削減を目指してまいります。

(point) 企業の ICT 投資増加の流れに乗る

　ICT化はあらゆる産業で起こっている。国内市場の ICT化需要は底堅く，確実に成長できるとの自信を持っているようだ。日本の経営者の IT に対する意識も変化しつつある。ただ，IT投資予算を積極的に増やすところまでには達していない。日本の経営者ももう一世代変わると，こうした点に変化が出るかもしれない。

お客様については，従来のKPIであるお客様NP3を継続し，2022年度比で20ポイント上昇を目指してまいります。

生産性については，従業員一人当たりの営業利益において，2022年度比40%の上昇を目指してまいります。

人材については，従来のKPIである従業員エンゲージメントを継続し，グローバルでのスコア75の達成を目指してまいります。また，ダイバーシティリーダーシップの指標として，まずグローバルでの女性幹部社員比率をKPIとし，2022年度の15%から2025年度で20%に拡大することを目標としました。これは，2030年度で30%の達成を目指し，そこからバックキャストして定めております。また，引き続き非財務面での取り組みが財務面に対しどのように寄与するかについて，定量的な分析を進めてまいります。

今回新たに，2030年に向けて，クロスインダストリーでサステナビリティに貢献するデジタルサービスを提供して，社会・お客様・株主・社員などのステークホルダーにとってネットポジティブを実現するテクノロジーカンパニーになる，という当社のビジョンを定めました。このネットポジティブとは，社会に存在する富士通が，財務的なリターンの最大化に加え，地球環境問題の解決，デジタル社会の発展，そして人々のウェルビーイングの向上というマテリアリティに取り組み，テクノロジーとイノベーションによって，社会全体へのインパクトをプラスにすること，と定義しております。

パーパスとビジョンを達成していくための活動によって創出されるアウトプット及びアウトカムとして，財務指標と3つのマテリアリティの項目ごとに2030年の指標を設定しました。財務資本，人的資本といった資本を投入し，4つの重点戦略に沿ってマテリアリティに取り組み，財務・非財務の両面でアウトプットやアウトカムを生み出し，それをまたインプットとして投じる，これを継続することでステークホルダーへの提供価値の向上を図ってまいります。

2　サステナビリティに関する考え方及び取組

文中の将来に関する事項は，当連結会計年度末現在において当社グループが判断したものです。

(point) **需要が高まるクラウド事業に強み**

富士通はすでに広範囲でクラウド・コンピューティング事業を手掛けており，富士通の強みは全ての技術要素をほぼ自前で持っていることだと言える。全ての面に責任を持って付加価値の高いクラウドを提供できる。それと同時に，安いクラウドを求める顧客には海外ベンダーのクラウドを提供することも行っている。

（1） サステナビリティへの対応 ···

富士通グループでは，サステナビリティに関する国際開示基準や，SDGs，パリ協定などのグローバルな動向を踏まえ，責任ある企業として取り組むべきサステナビリティの7つの重要課題（マテリアリティ）を設定し，重要課題については個々の目標の達成に向け，グローバルレスポンシブルビジネス（Global Responsible Business：GRB）という枠組みの中で，グローバルに活動を推進してまいりました。GRBの制定経緯及び取り組みについての詳細は下記②戦略をご参照ください。

なお，当社グループは，2023年5月の中期経営計画の策定に伴い，マテリアリティの改定を行いました。中長期的な視点で2030年を見据え，「自社」及び「ステークホルダー」の観点から評価を行い，持続的な成長に向けた解決すべき重要課題を新たに設定しました。お客様・社会に貢献する分野として，「地球環境課題の解決」，「デジタル社会の発展」，「人々のウェルビーイングの向上」を掲げ，これらを実現する土台として，「テクノロジー」，「経営基盤」，「人材」を強化していきます。詳細については，以下のウェブサイトをご参照ください。

https://www.fujitsu.com/jp/about/csr/materiality/

① ガバナンス

＜取締役会による監督体制＞

富士通グループはサステナビリティ経営委員会において，サステナビリティに係るリスクと機会の共有，中長期的な課題の検討及び方針の策定を行っています。これらの結果は，経営会議を通じて取締役会に報告されます。

また，富士通グループは，全社レベルのリスクマネジメント体制において，取締役会の監督の下，代表取締役社長を委員長としたリスク・コンプライアンス委員会が，サステナビリティ課題を含むグループ全体のリスク分析と対応を行っています。同委員会は，グループ全体のリスクマネジメント及びコンプライアンスに関わる意思決定機関であり，抽出・分析・評価された重要リスクについて，定期的に取締役会に報告しています。詳細については，「第2 事業の状況 3 事業等のリスク」をご参照ください。

＜リスクと機会の評価・管理における経営者の役割＞

（point）**顧客のニーズに対応した業務用タブレット端末を提供**

大手生命保険の外交員が持ち歩くタブレットは1社を除き全て富士通製になっている。今後は建設現場向けなど様々な用途でタブレットを展開する。セキュリティや高機能，高品質など，顧客の要求に応えるため自社開発にこだわる方針だ。地方銀行の営業用タブレットには富士通の手のひら静脈認証技術などが組み込まれている。

代表取締役社長は，サステナビリティ経営委員会及びリスク・コンプライアンス委員会の委員長を務め，最高位の意思決定の責任と業務執行の責任を担っています。取締役会は，経営会議及びリスク・コンプライアンス委員会を通じた報告をもとに監督する責任を有します。また，CSuO（Chief Sustainability Officer）はサステナビリティの最高責任者として，取締役会，経営幹部への変革提案とサステナビリティ関連業務の執行を推進しています。加えて，業務執行取締役の賞与に，ESGに関する第三者評価を評価指標として追加しています。

② 戦略

富士通グループは，2010年にグローバルなCSR規範や社会課題を認識したうえで当社への期待と要請について外部有識者よりヒアリングを行い，CSR基本方針を制定し活動を推進してきました。

持続可能な開発目標（SDGs）の採択やパリ協定の発効など，地球規模の課題解決に向けた取り組みがより一層強く求められるようになったことを踏まえグループ横断でのマテリアリティ分析を実施し，その結果を元に「グローバルレスポンシブルビジネス（Global Responsible Business：GRB）」という名称で，グローバル共通のサステナビリティの重要課題を2019年度に以下の表のとおり設定しました。2020年度には，2022年度を目標年度とする目標・KPIを重要課題毎に定め，当事業年度においても継続的に活動を行ってきました。

重要課題	概要
人権・多様性	全企業活動で人間の尊厳に配慮し，人を中心として価値創造を行う。多様性を尊重し，誰もが自分らしく活躍できる企業文化を醸成する。
ウェルビーイング	すべての社員がいきいきと働くことができる環境をつくり，社員が自己の成果を実現させて，力を最大限に発揮できる機会を提供する。
環境	気候変動対策としてパリ協定の1.5℃目標の達成と，革新的なソリューション提供による環境課題解決に貢献する。
コンプライアンス	Fujitsu Wayの「行動規範」を組織全体に周知徹底し，社会的な規範を含むより高いレベルの企業倫理を意識し，誠実に行動する。
サプライチェーン	自社サプライチェーンにおいて，人権や環境，安全衛生に配慮した責任ある，かつ多様性に富む調達を実現する。
安全衛生	心とからだの健康と安全を守ることを最優先し，各国各地域の事情に合わせた，安全で健康的な職場環境を提供する。
コミュニティ	社会課題への共感を高めて活動し，社会経済に良いインパクトをもたらす。創出したインパクトをさらなる価値につなげる。

(point) 生産，受注及び販売の状況

生産高よりも販売高の金額の方が大きい場合は，作った分よりも売れていることを意味するので，景気が良い，あるいは会社のビジネスがうまくいっていると言えるケースが多い。逆に販売額の方が小さい場合は製品が売れなく，在庫が増えて景気が悪くなっていると言える場合がある。

③　リスク管理

　富士通グループでは，サステナビリティ経営委員会において，サステナビリティに係るリスクと機会の共有，中長期的な課題の検討及び方針や目標を策定するとともに，進捗を確認しています。

　また，リスク・コンプライアンス委員会は，国内外の各部門及び各グループ会社の事業活動と，それに伴う重要リスクの抽出・分析・評価（当社グループにおいて重要と考えられる33項目のリスクを中心に実施）を行い，これらに対する回避・軽減・移転・保有などの対策状況を確認したうえで，対策の策定や見直しを図っています。また，様々な対策の実行にもかかわらずリスクが顕在化した場合に備え，対応プロセスを整備しています。詳細については，「第2　事業の状況　3　事業等のリスク」の項をご参照ください。

④　指標及び目標

＜GRB2022年度目標と2021年度の主な実績＞

　富士通グループは，重要課題ごとにありたい姿，目標，2022年度末を達成期限とするKPIを定めておりました。この達成に向けて実効力のあるマネジメント体制を構築し，また各国の国内法や労働市場など国・地域ごとの違いを踏まえつつ，グローバルでより高いレベルの活動が実施できるよう，具体的なアクションを定め，目標達成に向けた取り組みを推進してまいりました。なお，2022年度の主な実績については，本有価証券報告書提出日現在においてデータ収集及び一部のデータにおいては，第三者審査機関による審査の過程にあるため，以下では2021年度の主な実績を記載しております。

GRBの目標と2021年度の主な実績

項目	2022年度に向けた目標（KPI）	2021年度の主な実績
人権/多様性	◆人権 「人権尊重」の社内浸透 ・グローバルな人権に関する全従業員向け教育の受講率：80%	・グループ全社員を対象とした「ビジネスと人権」に関するeラーニングを16か国語でグローバルに実施 実施率：92%
	◆ダイバーシティ、エクイティ＆インクルージョン（DE&I） インクルーシブな企業文化の醸成 ・社員意識調査でのDE&I関連設問の肯定回答率向上： 連結66%（2019年度）→69% 単体59%（2019年度）→63% ・リーダーシップレベルにおける女性比率増： 連結8%（2019年度）→10% 単体6%（2019年度）→9%	・社員意識調査でのDE&I関連設問の肯定回答率 連結：69% / 単体：65% ・リーダーシップレベルにおける女性比率 連結：10.3% / 単体：8.0%

📍point　**対処すべき課題**

　有報のなかで最も重要であり注目すべき項目。今，事業のなかで何かしら問題があればそれに対してどんな対策があるのか，上手くいっている部分をどう伸ばしていくのかなどの重要なヒントを得ることができる。また今後の成長に向けた技術開発の方向性や，新規事業の戦略についての理解を深めることができる。

ウェルビーイング	いきいきと働くことができる職場環境の提供 ・社員意識調査「ワークライフバランス」「Well-being」に対するグローバル共通平均スコア：71 成長の実現と力を発揮できる機会の提供 ・社員意識調査「成長の機会」に対するグローバル共通平均スコア：70	・社員意識調査「ワークライフバランス」「Well-being」に対するグローバル共通平均スコア：64 ・社員意識調査「成長の機会」に対するグローバル共通平均スコア：68
環境	社会的責任の遂行と環境課題解決への貢献 ・事業拠点の温室効果ガス（GHG）排出量を基準年比　37.8%以上削減する （2013年度実績の毎年4.2%削減） ・事業活動に伴うリスクの回避と環境負荷の最小化 ・ビジネスを通じたお客様・社会の環境課題解決への貢献	・GHG排出量の削減 ・目標：33.6%以上削減 （2013年度比　毎年4.2%削減） 実績：36.7%削減 ・再生可能エネルギー導入率：20.7% ・事業活動に伴うリスクの回避と環境負荷の最小化 ＜事業所＞ ・データセンターのPUE（注1）改善：目標1.57に対し実績1.56を達成 ・水の使用量：前年度から5.7万m3削減 ・製品の省資源化・資源循環性向上：新製品の資源効率を10.1%向上（2019年度比） ＜サプライチェーン＞ ・製品の使用時消費電力によるCO_2排出量を51%削減（2013年度比） ・サプライチェーン上流におけるCO_2排出量削減及び水資源保全：主要取引先への取組依頼を100%完了 ・ビジネスを通じたお客様・社会の環境課題解決への貢献 ・カーボンニュートラルに関する知見のビジネス部門、事業部門へのスキルトランスファー ・環境勉強会やOJTを通じた社内教育の実施による社員の専門スキル向上 ・社内レファレンスに基づくソリューション創出 ・環境課題解決に繋がるお客様提案に向けた支援 ・CO_2排出量削減貢献量の評価ツール"EcoCALC"のグローバル対応の再整備と情報共有社内サイト立上げによる社員の環境課題の自分事化
コンプライアンス	コンプライアンスに係るFujitsu Way「行動規範」の組織全体への周知徹底をさらに図るために、グループ全体にグローバルコンプライアンスプログラムを展開することで、高いコンプライアンス意識を組織に根付かせるとともに、経営陣が先頭に立って、従業員一人ひとりがいかなる不正も許容しない企業風土（ゼロ・トレランス）を醸成する。 ・社長、部門長またはリージョン長からコンプライアンス遵守の重要性をメッセージとして発信：1回以上／年	・国際腐敗防止デーに合わせたFujitsu Compliance Weekにおいて、社長・各リージョン長・各国グループ会社社長等の経営層から従業員に対し、コンプライアンス遵守徹底のメッセージを発信

(point) **組織改革でグローバルな連携を推進**

今後は日本を含めた5つの区分で同じ品質のサービスを世界に届ける。EMEIA（Europe, Middle East, India and Africa）、アメリカ、アジア、オセアニア、日本の5地域だ。地域責任者は社長直轄とする。また、従来の海外ビジネス部門の部門横断機能を集約し、グローバルデリバリー部門を新設した。

サプライチェーン	・自社サプライチェーンにおける責任ある調達の実現 当社主要取引先による責任ある調達の国際基準への準拠へ向け、当社主力製品の主要な製造委託先・部品取引先より、下記文書のいずれかを入手する。 （目標KPI＝100%） ・RBA（注2）工場監査プラチナまたはゴールド判定書 ・当社CSR調達指針（＝RBA行動指針）への誓約書 ・サプライチェーン多様性の推進 従来の取り組みと並行して、サプライチェーンの多様性確保をResponsible Businessの目標に位置づけ、グローバルに推進。 ・サプライチェーンにおけるGHG排出削減 GHG排出削減を取引先とともに推進するため、主要物品取引先に対して、国際基準に沿った数値の目標設定を依頼する。	・下記文書いずれかの入手率：100% －RBA工場監査プラチナまたはゴールド判定書 －当社CSR調達指針への誓約書 ・UK・Americas・オセアニアにおいて、中小企業（SME）・女性経営・少数民族企業等、多様な属性を持つ企業からの調達KPIを達成 ・293社あてに目標設定のための説明会への参加を要請
安全衛生	グループ会社を含むすべての職場において、安全で働きやすい環境を実現し、心とからだの健康づくりを推進する。 ・重大な災害発生件数：ゼロ ・安全衛生に関するグローバルレベルでのマネジメントレビュー実施：1回／年	・重大な災害発生件数：ゼロ ・グローバル安全衛生管理リーダーが富士通グループのCOVID-19対応についてレビューを実施
コミュニティ	企業文化及び社員のマインドセット変革への貢献 ・社会課題に関連した社会貢献活動に参加した従業員数の増加率 ニューノーマル下において、2019年度比 +10%	・2021年度より集計開始：2019年度比-2.9%（注3）

（注） 1. PUE：Power Usage Effectiveness

データセンターの電力使用効率を示す指標。データセンター全体の消費電力を，サーバなどのICT機器の消費電力で割った数値。1.0に近いほど効率的とされる。

2. RBA：Responsible Business Alliance

電子機器メーカーや大手サプライヤーなど，約140社が加盟する国際イニシアチブ。行動規範を定め，サプライチェーン上の環境や労働者の人権及び労働条件や，倫理・安全衛生などの改善を進めている。

3. コロナ禍の影響により対面での活動に制約。オンラインイベントの開催など，種々の施策展開により，2021年下期以降参加従業員数増加も，2019年度比減少の状況。

(2) 気候変動への対応 ･･･

気候変動は国・地域を超えて世界に影響を与える問題であり，グローバルに活動する当社にとっても重要な課題であると認識しています。例えば，気候変動によりもたらされる災害は調達・物流・エネルギー供給網を寸断し，各事業所への部品調達やエネルギー調達を困難にします。また，GHG排出量に関する法規制は，製品・サービスの製造，開発等に影響を与え，対応への遅れはビジネスチャンス

---

point 事業等のリスク

「対処すべき課題」の次に重要な項目。新規参入により長期的に価格競争が激しくなり企業の体力が奪われるようなことがあるため，その事業がどの程度参入障壁が高く安定したビジネスなのかなど考えるきっかけになる。また，規制や法律，訴訟なども企業によっては大きな問題になる可能性があるため，注意深く読む必要がある。

の損失を招く恐れもあります。

① ガバナンス

　富士通グループでは，サステナビリティ経営委員会やリスク・コンプライアンス委員会において，気候変動に関するリスクと機会の共有，方針策定，重要リスクに関する特定等を行い，取締役会へ報告しております。詳細については，上記の「(1) サステナビリティへの対応　①ガバナンス」の項をご参照ください。

② 戦略

＜中長期環境ビジョン＞

　富士通グループでは，気候変動対策において果たすべき役割や実現すべき未来の姿として，中長期環境ビジョン「Fujitsu Climate and Energy Vision」を策定しております。このビジョンは，(i)自らのCO2ゼロエミッションの実現，(ii)カーボンニュートラル社会への貢献及び(iii)気候変動による社会の適応策への貢献の3つの柱で構成されています。先進のICTを効果的に活用して富士通グループ自らのカーボンニュートラル化にいち早く取り組むとともに，そこで得られたノウハウを，富士通グループのソリューションとしてお客様・社会に提供します。それにより，ビジネスを通して気候変動の緩和と適応に貢献することを目指しています。

　本中長期環境ビジョンの詳細については，「富士通グループ サステナビリティデータブック 2022 P.5-3-2-1 ～ 5-3-2-3」をご参照ください。

https://www.fujitsu.com/jp/documents/about/resources/reports/
sustainabilityreport/2022- report/fujitsudatabook2022.pdf

＜TCFDに基づいたシナリオ分析＞

　また，富士通グループでは，気候変動戦略のレジリエンス性を確保するため，2018年度に「2℃」シナリオ，2021年度に「1.5℃」及び「4℃」の外部シナリオを用いて，気候変動による事業インパクトを分析し，富士通グループの気候関連リスク・機会を特定するとともに対応策を検討しました。自社オペレーション，サプライチェーンにネガティブな影響を及ぼす移行・物理リスクに対応するとともに，お客様の気候関連リスクを理解することで価値創造の提案につなげ，ビジネス機会の獲得を目指します。

(point) **企業年金の改革遅れがリスクに**

　日本の総合電機企業の中で富士通は突出した年金問題を抱えてきた。これは潜在リスクを容認する日本会計基準を採用し続けていることや，海外企業の買収による負担増，及び積極運用が裏目に出たこと，などが要因と考えられる。

・シナリオ分析

　当社は，ビジネスを加速し，社会課題に挑むソリューションとして「Fujitsu Uvance」を策定し，クロスインダストリーな重点分野を定めています。これらのうち，特に気候変動の影響が大きいと考えられるSustainableManufacturing（検討領域：石油化学，自動車，食品，電子機器関連ビジネス），Trusted Society（検討領域：公共，交通，エネルギー関連ビジネス），Hybrid IT（検討領域：データセンター関連ビジネス）に対し，1.5℃及び4℃シナリオを用いて2050年までを考慮したシナリオ分析を実施しました。分析は「リスク重要度の評価」，「シナリオ群の定義」，「事業へのインパクト評価」，「対応策の検討」という4つのステップにて行いました。

　Sustainable Manufacturing，Trusted Societyはお客様の気候関連リスクへの対応を支援するなど，当社におけるビジネスの「機会」を中心とした分析を行い，Hybrid ITは，自社事業及びお客様の気候関連リスクへの対応など，「リスク」と「機会」の両面で分析しました。分析結果シナリオで分析した機会についてオファリングの検討・開発方向と一致していること，また，リスクについても対応策を整備できていることを確認し，中長期的な観点から当社の事業は戦略のレジリエンスがあると評価しました。また，シナリオ分析の結果も事業検討の1つのインプットとして活用し，事業の注力領域の価値提供テーマとして，Sustainable Manufacturingにおける「Carbon Neutrality（CO2排出量の可視化・削減推進）」，「Resilient Supply Chain（不確実性に対する対応力向上）」，Trusted Societyにおける「Sustainable Energy & Environment（グリーンエネルギーによるカーボンニュートラル社会）」等を策定・発表しました。現在，シナリオ分析で導出した機会の対応策を踏まえ，オファリングの具体化等の検討を推進しています。詳細については，以下の当社ウェブサイトに掲載している「富士通統合レポート2022」の67ページを参照ください。

　https://pr.fujitsu.com/jp/ir/integratedrep/2022/pdf/all.pdf

(point) ライバル大手の提携が及ぼす影響

　アップルとIBMの提携が及ぼす影響は大きいだろう。アップルの豊富な資産を，IBMがビッグデータ分析ノウハウを活用して新しいサービスを提供することになるようだ。ただし富士通もSIサービスで世界4位，国内1位の高い競争力を活用すれば，モバイル端末で世界的な強みを持つ企業と提携することは可能だろう。

機会

機会分類	対象期間	内容	主要な対応策
製品・サービス	短 ～ 長期	・高エネルギー効率製品・サービスの開発・提供による売上増加	・高性能・低消費電力の5G仮想化基地局、高性能・省電力のスーパーコンピュータ等の開発・提供
市場	短 ～ 長期	・ICT活用により創出される気候変動対策に向けた新規市場機会の獲得	・サプライチェーンのCO₂排出量算定・可視化、ゼロエミッションに向けた新材料探索の開発・提供
レジリエンス	短 ～ 長期	・レジリエンス強化に関する新製品及びサービスを通じての売上の増加	・防災情報システム、洪水時の河川水位を予測するAI水管理予測システム等の開発・提供

リスク

リスク分類		対象期間	内容	主要な対応策
移行	政策／規制	短～長期	・温室効果ガス排出やエネルギー使用に関する法規制強化（炭素税、省エネ政策等）に伴い、対応コストが増加 ・上記法規制を違反した場合の企業価値低下のリスク	・温室効果ガス排出量の継続的な削減（再生エネルギーの積極的な利用拡大、省エネルギーの徹底） ・EMSを通じた法規制遵守の徹底
	市場	中～長期	・カーボンニュートラル社会の推進（電動化などの普及）に伴った電力価格が高騰	・社内基準の策定、革新的な技術開発などによる電力消費量の削減
	技術	中～長期	・熾烈な技術開発競争（省エネ性能、低炭素サービス等）で劣勢になり、市場ニーズを満たせなかった場合、ビジネス機会を逸失するリスク	・お客様の気候変動課題解決に対応する製品・サービス開発、イノベーション推進
	評判	短～長期	・投資家・お客様等のステークホルダーからの要請への対応による対応コストが増加 ・外部要請への対応遅れによる評価・売上に対するネガティブ影響が発生	・中長期環境ビジョン、環境行動計画の策定・推進 ・気候変動戦略の透明性確保に向けた積極的な情報開示
物理（自然災害等）	慢性・急性	短～長期	・降水・気象パターンの変化、平均気温の上昇、海面上昇、渇水などによる対応コストが増加 ・異常気象の激甚化によるサプライチェーンを含む操業停止、復旧コストが増加	・BCP対策強化、お取引先の事業継続体制の調査やマルチソース化などの対策実施 ・潜在的な水リスクの評価とモニタリングの実施

③ **リスク管理**

　気候変動を含むリスク管理プロセスは，リスクマネジメント・コンプライアンス体制によるプロセスに組み込まれています。詳細については，「第2 事業の状況 3 事業等のリスク」を参照ください。

　また，気候変動を含む環境課題に関するマネジメントについては，前述の仕組みに加え，ISO14001に基づく環境マネジメントシステムを構築しています。気候変動対策の方針策定及び進捗管理は，サステナビリティ経営委員会が担当して

います。

④ 指標及び目標

GHG排出量に関しては基準年に対する排出削減比率<Scope1+2,3排出量>，再生可能エネルギー導入比率を指標として管理しています。なお，2022年度の主な実績については，本有価証券報告書提出日現在においてデータ収集及び一部のデータにおいては，第三者審査機関による審査の過程にあるため，以下では2021年度の主な実績を記載しております。

<Scope1+2,3排出量>

項目	GHG排出量実績（2021年度）
Scope 1	68千トン$-CO_2$
Scope 2 (Location-based)	524千トン$-CO_2$
Scope 2 (Market-based)	422千トン$-CO_2$
Scope 3 (Category 1)	1,207千トン$-CO_2$
Scope 3 (Category 11)	3,142千トン$-CO_2$

<目標と実績（2021年度）>

項目		目標		実績（2021年度）
自らのGHG排出量削減（注1）	短期	2021年までに33.6%削減（注2）	環境行動計画	37.2%削減
	中期	2030年までに71.4%削減（注2）	SBT1.5°認定	
	長期	2050年までに80%削減（注2）（注3）	SBT認定	
バリューチェーンのGHG排出量削減（注1）	中期	2030年までに30%削減（注4）	SBT認定	46.9%削減
再生可能エネルギー導入比率	中期	2030年までに40%導入	RE100加盟	20%導入
	長期	2050年までに100%導入	RE100加盟	

（注）1. 2013年比
2. Scope1 + Scope2
3. クレジット含まず
4. Scope3 Category1 + Category11

(3) 人的資本及び多様性 ……………………………………………

サステナブルな企業として，社会に価値を提供していくための最大の経営資源，そして顧客価値の源泉は「人」です。多才な人材が，エンゲージメント高く，一人ひとりのウェルビーイングを実現しながら，社会やお客様の課題を解決するた

(point) **高い研究開発力を利益につなげたい**

特許登録件数は日本で7位，アメリカでは11位だ。特許登録されると登録技術の詳細が公開されてしまうため，戦略的に特許を申請しない米国企業は多数ある。しかし，ソフトの会社ではIBM1位，マイクロソフト6位に次いで富士通が11位になっている。研究開発の競争力は高く，この技術力を利益につなげたい。

めにパーパスを共有して俊敏に集い，社会のいたるところでイノベーションを創出する，そのような組織風土づくりを推進しています。

① **ガバナンス**

　富士通グループは，事業戦略の実行に連動した最適な人材ポートフォリオを実現するため，当社代表取締役社長及び代表取締役副社長等の経営トップが参加する「人材戦略討議」を年2回開催し，人事・人材育成に関する具体的な課題や施策に関する検討，決定を行っています。また，人的資本や多様性を含めた人事・人材育成に関わる事項のうち重要なものについては経営会議及び取締役会に報告されます。

　加えて，トップタレントレビューを年3回開催し，グローバルレベルで重要なポジションにおけるサクセッションプランニングの検討状況の共有や個別アポイントメントの検討，また経営者育成に向けた施策に関する議論を実施しています。

　これらの活動は，CHROを責任者として，国内外の人事・人材開発育成責任者と連携して進めています。具体的には，Japanリージョン，Europeリージョン，Americasリージョン，APACリージョンにそれぞれ執行責任者を配置しています。

　加えて，グローバルHRカンファレンスを年2回開催し，グローバルレベルでの人事戦略，人事施策の検討，各リージョンにおける人事施策の進捗状況や課題の共有等を実施しています。

② **戦略**

　「多才な人材が，エンゲージメント高く，一人ひとりのウェルビーイングを実現しながら，社会やお客様の課題を解決するためにパーパスを共有して俊敏に集い，社会のいたるところでイノベーションを創出する企業」を実現するため，以下3つの状態を目指しています。

　"Empowerment"
　多様性を享受しオープンかつエンゲージメントの高い，信頼を基にした強固な文化を醸成します。
　"Growth"
　常にすべての従業員が魅力ある仕事に挑戦し，学び，成長する機会を提供します。

"Impact"

国境や組織の枠組みを越えてコラボレーションし，ビジネスと社会に強いインパクトをもたらす多様性あふれる集団を形成します。

人事部門のグローバル戦略テーマ

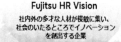

Fujitsu HR Vision
社内外の多才な人材が俊敏に集い，
社会のいたるところでイノベーション
を創出する企業

人事部門のグローバル戦略テーマ
グローバルな視座＆地域特性への柔軟性をもって私たち人事部門がリードする領域

Empowerment
多様性を享受しオープンかつエンゲージメントの高い，信頼を基にした強固な文化の領域

＜具体的な取り組み（例）＞
働き方改革，GRB，データドリブン，デザイン思考，権限移譲

Growth
常にすべての従業員が魅力ある仕事に挑戦し，学び，成長する機会の提供

＜具体的な取り組み（例）＞
DX人材育成，キャリアフレームワーク，スキル開発　等

Impact
国境や組織の枠組みを越えてコラボレーションし，ビジネスと社会に強いインパクトをもたらす多様性あふれる集団

＜具体的な取り組み（例）＞
EVP，戦略的タレントマネジメント，戦略的ワークフォースプランニング，多様性推進，組織デザイン，評価制度　等

Global Platform
・HRIS2.0　（人事情報システム）
・グローバルグレーディング／グローバルロールフレームワーク
・グローバルモビリティ

Global HR Enabler
あらゆる人事施策を加速させるグローバルな取り組み

HR Transformation
・人事部門のReskilling
・HRBP機能の強化
・オペレーティングモデル見直し／人事のグローバル化／人事部門コミュニティのコラボレーション推進

上記を実現するために，2022年度は主に以下の取り組みを進めました。

（ⅰ）　ジョブ型人材マネジメントの拡大と事業戦略にアラインした人材ポートフォリオの策定

当社グループ（日本）においては2020年4月に幹部社員，また2022年4月に全社員にジョブベースの人材マネジメントの考え方を導入し，グローバル統一の人材マネジメントをジョブベースに移行しました。

すべての事業部において策定された中長期ビジョンに合わせた人材ポートフォリオと人材要件が定義され，戦略実現に向けた人材獲得を進めています。従来の高度専門人材制度の改定を実施したことで，重点領域である3S領域（SAP, Salesforce, ServiceNow）の高度専門認定人材の認定数についても，前年度比倍増の57名を輩出し，より直接的なビジネス貢献につながっています。

また，新卒採用においてもジョブベースの採用を加速しており，面接時より配属先を約束する採用形態や，インターンシップの活用により入社後のミス

（point）**存在感が薄い携帯電話事業**

携帯電話市場での富士通のグローバルシェアは世界44位の0.2%であり，事業の黒字安定化が困難なためいずれ撤退する可能性が高いとみられる。ただし，これは人員を解雇して資産を減損するという意味ではない。コア技術は保有しつつ，徐々に人員を他事業に転換し，生産を外部委託するなど業績リスクを低減する施策が想定される。

マッチを防ぐ取り組みを展開しています。(2022年度新卒採用実績705名が入社)

　加えて中途採用も積極的に実施しており，2022年度は中途入社者が新卒入社者よりも多くなり，ビジネス戦略実現に向けたタイムリーな人材獲得も進めています。(2022年度中途採用実績818名が入社)

　さらに，中長期的なグローバルでの企業競争力のさらなる向上を目指して，2023年度より新卒入社者から幹部社員にわたる国内社員の月額賃金を平均で10%，最大で28%引き上げを実施しました。年収ベースでは平均で7%，最大で24%の引き上げとなり，リーダークラスの人材においては年収約1千万円以上，事業部長クラスの人材においては年収約2千万円から3千万円程度となります。

　新卒者においても月額賃金を10%引き上げます。これにより，今後の企業価値向上の中核を担う人材の定着・獲得を図るとともに，即戦力人材やデジタルネイティブとして高いポテンシャルを持つ人材の獲得を一層推進します。

(ⅱ)　ジョブポスティングの拡大とキャリアオーナーシップの実現

　当社グループの人事戦略において，極めて重要な施策に，現有の社内人材の流動化があります。自律的な手上げ方式による社内ジョブポスティング制度を最大限活用し，年間3,419名が自らのキャリアオーナーシップのもと，キャリアチェンジを実現しています。

　この取り組みは，2022年よりグローバルポジションにも拡大し，グローバルレベルでの人材流動も活発となり，適所適材が実現されています。

　また，自らオーナーシップを持ち，主体的に行動を起こしていくための各種プログラムを多数提供しています。多様な人とキャリアを語る場の「キャリアCafé」は日本の社員の4人に1人が参加しています。また，個人の「今」のキャリアオーナーシップの状況を診断することができるキャリアオーナーシップ診断は2022年度に導入し，既に日本の社員の5人に1人が活用しています。学びの機会としてのUdemy Businessは日本の社員の2人に1人が活用しており，自律的な学びの文化が醸成されつつあります。

　加えて，プログラムの提供だけでなく，職場・社員のキャリア形成を支援す

る専門家を社内に設置することで一人ひとりのチャレンジを後押しする取り組みも進めています。（2022年度相談実績1,128名）

（ⅲ）　グローバル共通の評価制度「Connect」の導入

　2021年4月より，当社グループ13万人が自律的に考え，行動を起こしていくためにグローバル共通の評価制度「Connect」を導入しました。

　「Connect」は従来の単なる目標管理にとどまることなく，当社のパーパス／組織ビジョン実現に向け，Impact（インパクト），Behaviours（行動），Learning & Growth（成長）を三つの新たな評価軸として導入することで，行動規範とも一貫した形での体系的な評価の実施を可能としました。

　さらに「Connect」は，「パーパスドリブン経営の実現」と「一人ひとりのチャレンジを促すこと」を志向しています。社員一人ひとりを中心に据え，パーパスやFujitsu Way，組織ビジョン，個人の成長ビジョン，そしてすべての人事施策をつなぎ合わせることによって組織や個人の成長／パフォーマンスの最大化を実現するコミュニケーションツールとして活用されています。

（ⅳ）　エンゲージメント向上の取り組み

　当社グループの持続的な成長を測る1つの指標として，2020年度より社員エンゲージメントを非財務指標に設定し，グローバル企業と同等の数値（75）に引き上げることを目標に掲げ，様々な取り組みを推進しています。

　取り組みの一つとして，「Purpose Carving」が挙げられます。「Purpose Carving」は社員一人ひとりが歩んできた道のりや大切にしている価値観を振り返り，未来に向けて想いを馳せながら，個人のパーパスを彫り出していくプログラムです。2022年9月時点で，約7万人の社員が個人のパーパスを言葉にし，当社のパーパスとの重なり合いを変革の原動力としています。

　また，社員の主体的なチャレンジや成長支援を促す対話の場として幹部社員と社員による1on1を推進しており，2022年度は社員一人当たりにつき，年間平均9.4回1on1を実施している状況です。

（ⅴ）　DE&Iの実現に向けた取り組み

　5つの重点領域（注1）の1つであるジェンダーはあらゆる企業にとって経営戦略上必須の課題となっており，当社グループにおいても各リージョンで施策

を推進してきた結果，リーダーシップレベルにおける女性比率は2022年度末時点で15.0%を達成，さらなる向上を目指し，2025年20%のKPIを策定し，2023年度から当社グループの非財務指標としての設定も行いました。

　新たに設定した上記KPIの達成に加え，多様な人材一人ひとりが異なる価値観や能力を活かし合える環境・カルチャーを実現するため，「マインド改革（注2）」，「ポジティブアクション（注3）」，「Work Life Shiftの推進を通じた働く環境の整備」等，多様な取り組みを推進しています。

（注）1. 2022年に「Global DE&I Vision & Inclusion Wheel」を刷新し，その中でジェンダー，世代間，LGBTI+，文化・民族，健康・障がい・アクセシビリティの5つを当社の重点領域として設定
　　　2. マインド改革とは，能力のある人が，適切な場所で自然に活躍できる状態を実現するための各種制度運用，データ活用を意味します（例：アンコンシャスバイアス研修，インクルーシブリーダー研修，エンゲージメントサーベイの活用）。
　　　3. ポジティブアクションとは，ありたい姿に向けた意図的な採用・育成・登用施策を意味します（例：コミュニティの充実，メンター制度，キャリア支援）。

（vi）　Well-beingの実現に向けた取り組み

　当社グループでは，パーパスの実現に向けて，グローバルで社会的責任を果たしていくため，「グローバル レスポンシブルビジネス（GRB）」という枠組みを確立し，その中でも事業活動の源泉である人に焦点を当てた "Well-being" は最重要課題の1つと位置づけています。（GRBの制定経緯及び取り組みについての詳細は上記（1）サステナビリティへの対応 ②戦略をご参照ください。）

　当社では "Well-being" の定義を「仕事もプライベートも，自分自身が大切にしている価値観に向き合い，自身の未来の幸せに日々向かっている状態」と定めました。一人ひとりのWell-being向上に向けて以下4つのカテゴリにまとめ，各カテゴリごとに方針を定めてグローバルで活動を実践しています。

Career & Growth Well-being：社員がキャリア実現のために自ら学び，成長し続けること

Financial Well-being：役割や貢献に応じた，適正で公正な報酬（心理的報酬を含む）が得られること

Social Well-being：職場の仲間，取引先やお客様との信頼関係や，良好な人間関係を構築，維持すること

Health Well-being：社員が自身や家族の心身の健康を維持・増進すること

Well-beingの2025年度目標として，「社員一人ひとりが自分のWell-beingを理解し，語ることができること」を目指しており，その実現に向けて「Well-beingの理解・浸透施策の展開」と「データドリブンな可視化と分析」についての取り組みを重点的に推進しています。

③　リスク管理

　人的資本を含むリスク管理プロセスは，リスクマネジメント・コンプライアンス体制によるプロセスに組み込まれています。詳細については，「第2 事業の状況 3 事業等のリスク」を参照ください。

　また，CHROを人事部門の最高責任者として，全社経営・事業戦略とアラインした人材戦略を策定して事業への貢献を確実なものとするため，"経営トップが参画する『人材戦略討議』"，"中核人材の育成を目指す『トップタレントレビュー』"，"グローバルで一気通貫の人事戦略・施策を促進する『グローバルHRカンファレンス』"において人的資本に関する議論のサイクルを定期的に回すことで，優秀人材の離職や人材獲得競争が激化するリスクにスピーディに対応できる体制を構築しております。

④　指標及び目標

　組織・人材の流動化，活性化の観点において重要とされる，新卒／中途採用，従業員エンゲージメントスコア，女性管理職比率について，それぞれ中長期的に目標を定めマネジメントしております。

指標	目標	2022年度実績
23年度新卒採用数	750名程度（注1）	765名（注1）
22年度中途採用計画数	300名以上（注1）	818名（注1）
従業員エンゲージメントスコア	25年度12月までに75（注2）	22年度12月時点で69（注2）
管理職に占める女性労働者の割合	25年度までに20.0%（注3）	15.0%（注3）（注4）

（参考）人事戦略に関する指標

　人事戦略の重要なテーマに関する参考指標は，以下のとおりです。

(point) **財政状態，経営成績及びキャッシュ・フローの状況の分析**

　「事業等の概要」の内容などをこの項目で詳しく説明している場合があるため，この項目も非常に重要。自社が事業を行っている市場は今後も成長するのか，それは世界のどの地域なのか，今社会の流れはどうなっていて，それに対して売上を伸ばすために何をしているのか，収益を左右する費用はなにか，などとても有益な情報が多い。

指標	2022年度実績
高度専門人材認定者数	全体78名（2021年度比32名増）（注１）
3S領域	57名（2021年度比32名増）（注１）
社内ポスティング異動人数	3,419名（注２）
キャリアCafé参加者数	8,296名（注２）
Udemy Business利用者数	36,764名（注２）
キャリアオーナーシップ診断	15,187名（注２）
Connect評価	富士通全社員がConnect評価の運用を開始（注３）
「Purpose Carving」実施者（22年度9月時点）	約7万人（注３）
1on1平均実施回数	一人当たり年間平均9.4回実施（注２）
全従業員に占める女性社員比率	24.8%（注３）

（注）1. 提出会社のみ

　　　2. 日本の連結対象会社のみ

　　　3. 富士通グループ全体の数値

　　　4. 「女性の職業生活における活躍の推進に関する法律」（平成27年法律第64号）又は「育児休業，介護休業等育児又は家族介護を行う労働者の福祉に関する法律施行規則」（平成3年労働省令第25号）における算定方法による算出

3　事業等のリスク

［方針・推進体制］

　当社グループは，事業継続性，企業価値の向上，企業活動の持続的発展を実現することを目標とし，その実現に影響を及ぼす不確実性をリスクと捉え，これらのリスクに対処するために，取締役会が決定した「内部統制体制の整備に関する基本方針」に基づき，取締役会に直属し，グループ全体のリスクマネジメント及びコンプライアンスを統括する「リスク・コンプライアンス委員会」を設置しています。リスク・コンプライアンス委員会は，代表取締役社長（CEO）を委員長として業務執行取締役等で構成しており，当社グループに損失を与えるリスクを常に評価，検証し，認識された事業遂行上のリスクについて，未然防止策の策定等リスクコントロールを行うとともに，リスクの顕在化により発生する損失を最小限に留めるため，顕在化したリスクを定期的に分析し，取締役会等へ報告を行い，再発防止に努めております。

内部統制体制におけるリスク・コンプライアンス委員会の位置づけ

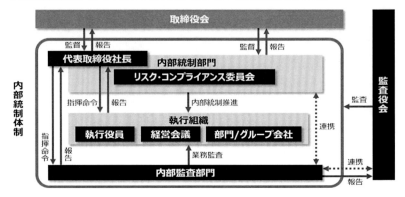

　また，リスク・コンプライアンス委員会は，グローバルな地域に基づく業務執行体制の区分であるリージョンごとに，下部委員会としてリージョンリスク・コンプライアンス委員会を設置し，国内外の部門やグループ会社，リージョンにリスク・コンプライアンス責任者を配置するとともに，これらの組織が相互に連携を図りながら，グループ全体でリスクマネジメント及びコンプライアンスを推進する体制を構築しております。

リスクマネジメント・コンプライアンス体制図

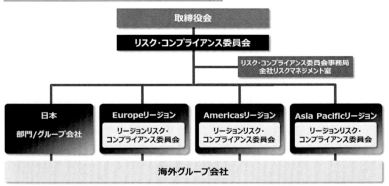

　さらに，グループ全体のリスク管理機能強化のため，事業部門から独立した代表取締役社長直下の組織である全社リスクマネジメント室にリスク・コンプライ

(point) **国内のIT投資増加に期待**

　国内企業のITへの投資比率は低い。しかし，今後は国内企業のグローバル化が進む中で，海外企業との格差を埋めるためにITへの投資を増やす可能性が高い。そしてその傾向は継続するものとみられている。その背景としては，労働人口不足を補う設備投資が活性化することや，国内非製造業は生産性が低いことなどが挙げられる。

ノンス委員会事務局機能 を設置し，CRMO（Chief Risk Management Officer）の下，リスク情報全般の把握と迅速かつ適切な対応を行っております。

これまでの取り組みを踏まえ，さらなる施策強化と実効性の担保を図るためには，これまで以上に経営者主導による全社的，組織横断的な対応が必須であると考え，当社グループ全体の品質責任者として最高品質責任者（Chief Quality Officer：CQO）を新たに任命することといたしました。さらに，CEOが委員長を務める当社リスク・コンプライアンス委員会の体制・機能を拡充し，恒常的・全社的な対応を実現する体制に強化いたします。

具体的には，これまで当社グループに関する重要なリスク・コンプライアンスについての審議の場であった同委員会のメンバーに新たに任命したCQOを加えるとともに，情報セキュリティ，システム品質に関する全社的な施策および個別事象への対応も含め，具体策まで踏み込んで決定し，迅速に実行する体制といたします。こうした体制を構築することで，CISO・CQOに対してこれまで以上に強化した権限を付与し，人事制度や投資リソース等その他の各CxOの領域を含む全体を統括する，CEO主導によるリスクマネジメント経営を徹底してまいります。また，施策実行の迅速性と実効性を担保するため，同委員会を毎月開催することといたします。

[潜在リスクマネジメントプロセス]

当社グループを取り巻くさまざまなリスクから，事業活動に伴う重要リスクの抽出・見直しをしたうえで，毎年，重要リスクの発生可能性・影響度・対策状況等について調査・分析・評価し，可視化を行っております。

評価結果を基に，リスク・コンプライアンス委員会において重要リスクを確認し，更なる対策等を指示するとともに，取締役会に報告しております。リスク・コンプライアンス委員会が決定した方針，対策等をグループ全体にフィードバックし，重要リスクごとに定めたリスク管理部門がグループにおける対策等を適切に管理することでリスクの低減を図っております。

なお，潜在リスクマネジメントプロセスにおいて得られた情報は，ステークホルダーに開示する有価証券報告書やサステナビリティデータブック等に反映しております。

このようなプロセスを実施することにより，グループ全体のリスクの低減と顕在化した際の影響の極小化を図っております。

リスクマネジメントプロセス

　本項においては，将来に関する事項が含まれておりますが，当該事項は本有価証券報告書提出日（2023年6月26日）現在において当社グループが判断したものです。なお，以下の内容は，当社グループの全てのリスクを網羅するものではありません。また，各リスクにおける対策の実施にもかかわらず，全てのリスクの発生を未然に防止できない可能性があります。

Ⅰ．経営方針・経営戦略等との関連性

　当社グループは経営目標の達成に向けて「第2 事業の状況 1．経営方針，経営環境及び対処すべき課題等」に記載された様々な施策を進めてまいりますが，これらの施策に直接影響を与える可能性のある主なリスクとその対策は，以下の（1）〜（6），（8），（11），（13）において，経営方針・経営戦略との関連性も考慮して記述しております。

Ⅱ．当社グループの事業活動におけるリスク

（1）　経済や金融市場の動向に関するリスク

①　主要市場における景気動向

---

point　モバイルフォン端末製造子会社2社を統合

　携帯電話事業はスマホ化の波に飲まれて赤字転落した。利益が出ないなら撤退すべきとの声も根強いが，経営陣は事業継続を決めている。それは1,000万人の富士通らくらくホン（シニア向け携帯電話）ユーザーの存在があるからだ。なお富士通の携帯電話の国内市場シェアは2011年度の約20％から1ケタ台に下落している。

[リスクの概要と影響]

　当社グループは，日本国内及び世界各国で，政府等の公共機関や企業等に，ICT分野において各種サービスを提供しております。また，事業ブランドであるUvanceビジネスは，グローバル共通の戦略として展開しております。これらの事業の売上及び損益は，景気動向及び各市場における急激な需給バランスの変化に大きく左右されます。特に，主要市場である，日本，欧州，北米，オセアニア，中国を含むアジアにおける景気動向及び急激な需給バランスの変化は，当社グループの事業に影響を与えます。

[対策]

　急激な市場の変化に対応するため，グループ全体の戦略や事業ポートフォリオの方針を明確化するとともに継続的な構造改革を行うことで，リスクの低減を図っております。

② 為替動向と金利変動及び資本市場の動向

[リスクの概要と影響]

　当社グループは，海外での事業拡大を進めております。そのため，急激な為替変動は，海外に輸出提供する製品・サービスの価格競争力の低下や，海外からの部材等の輸入に影響を及ぼす可能性があり，海外ビジネスの売上及び損益に大きく影響します。海外に保有する資産・負債等についても，資産等が目減り，または負債等が増大する可能性があります。

　さらに，有利子負債の中には金利変動の影響を受けるものが含まれているため，金利上昇により支払利息や調達コストが増加する可能性があります。

　また，国内外の株式市場の動向は，保有する他社株式の評価額及び年金資産の運用状況に大きく影響を及ぼし，株式市場が低迷した場合，保有株式の評価減や，年金資産の目減りによる会社負担増大のおそれがあります。

[対策]

　為替変動等の金融市場環境に関する情報収集や動向注視，金融機関動向の分析等を行いながら必要に応じて為替予約等のヘッジを実施しております。また，グループ全体に情報共有を行うとともに，影響の最小化を図っております。

（2） お客様に関するリスク ……………………………………………………………

[リスクの概要と影響]

　当社グループのビジネスは，日本政府，自治体，各国政府等の公共機関，情報通信事業，金融業，製造業，流通業，ヘルスケア産業等のお客様との取引割合が高く，また，海外ビジネスにおいては，各国における政府系のプロジェクトが重要な事業となっております。お客様の政策・方針や，業界の経営環境，市況変化，業界再編の動き等は，お客様のICT投資動向の変化につながり，お客様のICT投資計画やその見直し及びお客様の製品・サービスの売れ行き等は，当社グループの製品・サービスの需要や価格に大きな影響があります。また，お客様との信頼関係や，取引または契約関係が継続できない場合，当社グループの売上及び損益に影響を及ぼします。

　また，新型コロナウイルス感染症は，世界中の様々な業種のお客様に大きな影響を及ぼしており，これによりお客様の投資が抑制される一方で，テレワークやオンライン教育等の新たなICT関連需要が生じております。このような環境変化は，当社グループの売上及び損益に影響を及ぼす可能性があります。

[対策]

　当社グループでは，社会的な課題解決を念頭に置いた事業活動を行うとともに，市場動向，技術動向，お客様の状況の変化を注視しており，お客様のかけがえのないパートナーとなり，ICTのライフサイクルにわたるソリューションを提供し，長期的な信頼関係を築くことを目指しております。当社グループは，お客様を取り巻く環境変化に対して多様な業種への実績，理解とデジタルテクノロジーを活用し，人とデータを中心とした新たな生活様式を築いていく役割を果たしております。

（3） 競合・業界に関するリスク ……………………………………………………

[リスクの概要と影響]

　市況の変化や競争激化，技術革新等は，製品・サービスの価格下落につながる可能性があります。そのため，想定を上回る価格下落が生じた場合や，調達価格が大幅に変動した場合等には，十分なコストダウンや販売拡大を実現できず，当

社グループの売上及び損益に影響を及ぼします。

　また，ICT業界では，既存の競合他社に加え，異業種を含めた新規参入者との競争も激しくなっています。現在，競争優位性を持っている分野においても，新規参入業者を含めた競合他社との競争に晒され，将来の事業において優位性を確保できない可能性があります。ICT業界では技術の進歩が大変速く，新製品や新技術であっても急速に陳腐化します。これらの技術開発競争で他社に優位性を奪われた場合，シェアや利益率が低下し，当社グループの売上及び損益に影響を及ぼす可能性があります。

[対策]

　当社グループでは，技術の進歩や競争激化等による製品・サービスの低価格化を想定し，社会動向に基づいた課題を洞察するとともにお客様のニーズや他社状況を把握し，競争力のある製品・サービスのラインナップを拡充することで販売拡大に努めるとともに，コストダウンに取り組んでおります。

　また，競争力維持のためには，先端技術の研究開発を続けることが必要です。当社グループは適切な研究開発への投資を実行することで，当社グループ事業の強み，競合他社等との差異を明確にし，技術やサービスの優位性を確保するよう，努めております。

（4）投資判断・事業再編に関するリスク ･･････････････････････････････

[リスクの概要と影響]

　ICT業界においては，競争力維持のために多額の研究開発投資，設備投資及び事業買収・売却，事業再編等が必要な場合があります。

　当社グループが有望と考えた市場や技術，買収先が想定ほど成長しない場合や，需給悪化や価格下落が予想以上に早く発生した場合には，投資から十分なリターンを得られず，当社グループの経営成績に大きな影響を及ぼす可能性があります。

[対策]

　当社グループでは，投資や事業再編にあたり，市場動向やお客様のニーズ，当社グループの技術の優位性，買収先の業績，当社グループの事業ポートフォリオ等を勘案するとともに，投資効率を検証し，評価指標とプロセスを定め，所要変

動に応じて投資を複数段階に分けることやお客様等と提携することで，リスクの低減を図っております。

(5) 調達先・提携等に関するリスク ·······························

① 調達に関わるリスク

[リスクの概要と影響]

　当社グループが提供する製品・サービスは最先端の技術を使用しており，汎用的ではない部品や希少性の高い原材料等を使用することがあります。そのため，一部の部品・原材料等については，安定的な調達が困難な場合や，代替の調達先を確保できない場合，大量に調達が必要な部品・原材料等について，必要な量を調達できない可能性があります。また，お取引先において，自然災害，感染症の流行，事故，経営状況の悪化等が発生した場合は，当社グループに対する部品・原材料等の安定的な提供が困難になります。さらに，世界中で発生する異常気象やそれに伴う災害，国際情勢の不安定化等，部品・原材料等の安定的な調達に影響を及ぼす事象は増加傾向にあるため，部品・原材料等を十分に確保できない場合，製品・サービスの提供が遅れ，お客様への納期遅延や機会損失等が発生する可能性があります。

　当社グループの調達部品等については，為替動向や需給逼迫等により調達価格が当初の見込みを上回り，製品・サービスの利益率の悪化や，値上げによる売上の減少が起きる可能性があります。

　また，できる限り品質確保に努めておりますが，購入品の不良を完全に防げない場合には，納期遅延や製品不良が発生し，機会損失，修理回収費用，不良品廃却費用，お客様への賠償責任等が発生する可能性があります。

[対策]

　当社グループでは，部品単位での製造拠点・調達先対策状況調査や，調達のマルチソース化，お取引先への事業継続マネジメント（BCM:Business Continuity Management）の働きかけ，支援の強化，及び適正な在庫の確保等をすることで，サプライチェーンの維持に努め，リスクの低減を図っております。

---

② 提携・アライアンス・技術供与に関するリスク

[リスクの概要と影響]

　　当社グループは，グローバルなICTビジネス環境における競争力強化のため，業務提携，技術提携，合弁等の形で，多くの会社と共同で活動を行っておりますが，経営，財務，その他の要因により，協力関係を成立，または，継続できない場合や，これらの協力関係から十分な成果を得られない場合があります。当社グループの製品・サービスは，他社の許諾を受けて使用している多くの特許や技術，ソフトウェア，商標等を前提としておりますが，これらの技術等について，今後，当社グループが許容できる条件で，他社からの供与や使用許諾を受けられない場合には，当社グループの事業に影響を及ぼす可能性があります。

[対策]

　　当社グループでは，業務提携，技術提携，合弁等で他社との関係を構築する際，リスクを的確に認識・評価した上で契約条件等への反映を行うとともに，継続的なモニタリングを行うことで，当社グループへの影響を最小限に抑えるよう努めております。。

(6) 公的規制，政策，税務に関するリスク

[リスクの概要と影響]

　　当社グループは，グローバルにビジネスを展開しているため，各国・各地域の数々の公的規制，政策動向，税務法制，運用等の影響を受けます。事業展開する各国・各地域において，政府の政策，事業及び投資の許可，輸出入に関する制限等のさまざまな規制並びに，独占禁止，知的財産権，消費者，環境・リサイクル，労働条件，派遣・下請，租税等に関する法令の適用を受けております。

　　さらに，昨今の国際情勢は，各国・各地域の政策に影響を及ぼしており，特に，経済安全保障に基づく企業活動への規制が強化される傾向にあります。このような政策の変更や規制の強化は，当社グループが対象としている市場やサプライチェーン等に影響を及ぼし，対応コストの増加や仮に強化された規制等の違反が認定された場合の制裁金等の負担が発生する可能性があります。

また，当社グループがソリューションを提供する分野には，通信，医療，工事，個人情報の取扱い等，公的規制を受ける領域があるため，これらの市場における規制の動向が当社グループの事業へ影響を与える可能性があります。

[対策]

　当社グループでは，各省庁や業界団体等から情報収集し分析を行うことで，各国・各地域における規制や政策の動向を注視しております。また，経済安全保障分野においては，規制が厳しくなる方向であると捉えており，国内外の規制動向，さらには政府・企業の動向も注視し対策を実施しております。

(7)　自然災害や突発的事象発生のリスク

①　自然災害・感染症・火災等に関するリスク

[リスクの概要と影響]

　近年，世界的な気候変動により，台風・水害・大雪等の自然災害の発生頻度や影響度は高まっております。また，首都直下・南海トラフ等における巨大地震，感染症のパンデミック，火山噴火等の不測の事態は，被害想定を超えた規模で発生する可能性があります。このような事態が発生した場合，事業所の機能停止，設備の損壊，電力・水・ガス等の供給停止，公共交通機関や通信手段の停止，部材メーカーからの部品供給の不足や遅れ，サプライチェーンへの被害等により，お客様へのサービス提供や製品出荷の停止等，当社グループの事業活動の継続に影響を及ぼす可能性があります。

[対策]

　当社グループでは，防災に関する強固な連携体制の構築と事業継続対応能力強化を図るため，全社防災組織を編成し，様々な訓練を実施しております。また，過去の地震における対応を教訓として，事業所における耐震・浸水対策や定期点検の取り組みについても強化しております。さらに，地震や大規模な水害，火山の噴火等の自然災害，新型インフルエンザ等の感染症の流行，火災・爆発等の発生時にも，重要な事業を継続し，企業としての社会的責任を遂行するとともに，お客様が必要とする高性能・高品質な製品・サービスを安定的に供給するために，事業継続マネジメント（BCM：Business Continuity

Management）を構築するとともに，事業継続計画（BCP：Business Continuity Plan）の策定や継続的な見直し及び改善を行っております。

　また，新型コロナウイルス感染症の経験をふまえて，お客様，お取引先，従業員とその家族の安全確保を最優先とし，お客様への製品・サービスを継続して提供する体制を構築することにより重要な事業を維持し，社会的責任を遂行できるよう努めております。

② **紛争・テロ・政情不安等に関するリスク**

[リスクの概要と影響]

　当社グループは，グローバルにビジネスを展開しているため，各国・各地域において，紛争・テロ・デモ・ストライキ・政情不安等が発生した場合，当社グループの事業に大きな影響を与える可能性があります。また，従業員等が巻き込まれ，安全が脅かされる可能性があります。

[対策]

　各国・各地域におけるリスク情報の収集を行い，関係者間で共有するとともに，従業員の緊急連絡体制を構築し従業員の安全管理を行う等，情勢を見極めながら，ビジネスを継続するよう努めております。

(8)　財務に関するリスク ···

[リスクの概要と影響]

　当社グループに対して外部の格付け機関が発行する格付け（CSR・サステナビリティ関連の格付けを含む）は，資金調達や企業レピュテーションに大きな影響を及ぼすとともに，お客様やお取引先と取引する際の信用情報として使われることがあります。収益計画の未達や財務状況の悪化等の理由によりこれらの格付けが引き下げられた場合，当社グループの資金調達に影響を及ぼすほか，入札等，取引参加において不利になる可能性があります。また，お取引先の経営悪化や経済情勢の悪化等の信用不安等は売掛債権の回収に影響を及ぼす可能性があります。

[対策]

　当社グループでは，資金調達に関する対策として，流動性の確保，資金調達計

画の策定，金融市場動向の分析等を行っております。また，与信管理に関する対策として，与信管理関連部門による意見交換，及び外部機関の企業信用調査情報等の関連部門との共有と動向監視，債権保全に関するアドバイス・指示及び注意喚起の実施等を行い，リスクの低減を図っております。

（9） 製品やサービスの欠陥や瑕疵に関するリスク ·····························

［リスクの概要と影響］

　当社グループでは，品質を事業活動の根幹に関わる事項として捉え，快適で安心できるネットワーク社会を支えるために，その維持・向上に日々たゆまず取り組んでおります。

　システムの受託開発や製品・サービスの運用・保守業務，製品の設計・開発・製造において，お客様要求の高度化，システムの複雑化が進み，開発難度が高まり，製品の欠陥や瑕疵等が発生する可能性があります。また，競争の激化による価格低下により，納期遅延や不採算プロジェクトが発生する可能性があります。このような製品・サービスの欠陥，瑕疵等が発生した場合，製品回収や補修，システムリカバリー作業や，お客様への補償，機会損失等が当社グループの売上及び損益に影響を及ぼします。

　また，万一，欠陥や瑕疵等への対応における判断誤りや組織的な不正があった場合，企業レピュテーションは低下し，当社グループの損益への影響を拡大させる可能性があります。

［対策］

　システムの受託開発では，品質管理の全社ルールを定め，ソフトウェアのモジュール化，開発の標準化，セキュリティ監査等による品質向上に努めております。また，お客様との契約のあり方を見直すとともに，ビジネスプロデューサー・SEのビジネスプロセスの標準化を進め，商談発生時からプロジェクトの進行を通じてリスク管理を行い，納期遅延や不採算プロジェクトの発生を抑制しております。併せて損失の引当ても適時に実施しております。

　製品・サービスの運用・保守業務では，安定稼動のため，お客様と協働での点検や品質，契約，ルール等を改善する活動を継続的に行っております。

製品の設計・開発・製造では，品質管理の全社ルールを定め，関連法規の遵守・最新基準への適合，品質の向上及び外部購入品の品質管理を進めております。

また，重大障害の抑止に向けて，全社的な品質保証体制強化のため，事業部門ごとの品質保証プロセスに加え，社長直轄組織による各プロセスの有効性の監視や，部門間での知見・ノウハウを共有する横断的な仕組みの導入・改善を進めております。

（10）　コンプライアンスに関するリスク ···
[リスクの概要と影響]

　当社グループは，グローバルにビジネスを展開しており，国内外の関連法令・規制等を遵守する必要がありますが，これらの関連法令・規制等に抵触する事態が発生した場合，多額の課徴金や損害賠償を請求される可能性があります。昨今，欧州において人権に関するデューデリジェンスが義務化される等，人権尊重への取り組みが一層強く求められるように変化しており，当社グループはもとより，サプライチェーン上での労働環境や紛争鉱物等の人権に関するリスクを防止・低減できない場合，ビジネス機会の損失や，行政罰等により当社グループの社会的信用の失墜に繋がり，当社グループの事業に影響を及ぼす可能性があります。また，普及が進んでいるAI技術を利用したビジネスにおいて人権を侵害する事象が発生した場合，損害賠償等や当社グループの社会的な信用が低下する可能性があります。

[対策]

　当社グループは，Fujitsu Wayにおいて，当社グループの従業員として厳守すべきことを行動規範（人権の尊重，法令遵守，公正な商取引等）として定めるとともに，これを詳細化して個々の従業員が行動する際のガイドライン（GBS:Global Business Standards）をグループで統一的に運用し，社内ルールの浸透と徹底，規範遵守の企業風土の醸成を図っております。また，そのための社内体制や仕組みの構築を推進するため，経営層からのトップメッセージの発信や定期的なe-Learningの実施等を行っております。「人権の尊重」においては，2021年度以降，グループの全従業員向けに「ビジネスと人権」に関するe-Learningを実施し，

2022年度においては，人権デューデリジェンスのプロセスである人権影響評価を実施いたしました。最新の国際動向をふまえて，人権に関するリスクを整理し，重要性・事業関連性から優先課題を特定し，この評価を基に，当社グループの人権方針を改定し，当社グループやサプライヤーへの周知を行っております。また，AIビジネスにおいては，AIへの「信頼」の維持・確保のために，当社グループのAI倫理指針である「富士通グループAIコミットメント」に基づき実践的なAI倫理ガバナンス体制を構築しております。

（11）　知的財産に関するリスク ……………………………………………
[リスクの概要と影響]

当社グループでは，他社製品と差別化できる技術とノウハウを蓄積しておりますが，当社グループ独自の技術とノウハウの一部は，特定の地域では法的な制約のために知的財産としての十分な保護が受けられない場合があります。そのため，他社が当社グループの知的財産を使って類似製品等を製造，販売することを効果的に防止できない可能性があります。他社が類似，またはより優れた技術を開発した場合，当社グループの知的財産の価値が低下することがあります。また，当社グループの製品・サービスや技術について，他社の知的財産を侵害している，あるいはオープンソースソフトウェアを含む第三者のソフトウェアの利用形態が許諾条件に沿わないとされ，使用料支払いや設計変更費用等が発生した場合，当社グループの損益に影響を及ぼす可能性があります。

従業員の発明に対する職務発明補償・報奨については，発明者から訴訟を提起される可能性があります。

[対策]

当社グループでは，他社の知的財産を侵害することのないよう，社内規程の整備や製品出荷前の他社知的財産調査の徹底等を行うとともに，他社による当社グループ知的財産の不正利用の調査と是正対応を行っております。

従業員の発明に対しては，法令等に基づいた職務発明補償・報奨を積極的に実施しております。

（12） セキュリティに関するリスク ・・・・・・・・・・・・・・・・・・・・・・・・・・・・・・・

① 情報セキュリティに関するリスク

［リスクの概要と影響］

　　当社グループは，コンピューターウイルスの侵入や不正アクセス等のサイバー攻撃による社内ネットワーク・システムの運用停止や情報漏洩，不正利用等を完全に防げるとは限りません。万一，情報漏洩により個人の権利・利益を侵害した場合やお客様の情報を漏洩した場合には，当社グループの信用は低下するとともに，個人情報保護法やGDPR等の法令違反による罰金や制裁金が科されるおそれがあります。

　　また，これらのリスクは当社グループのサプライチェーン上でも発生する可能性があります。委託先におけるセキュリティリスクが顕在化した場合，お客様や当社グループの事業に影響を及ぼす可能性があります。

［対策］

　　お客様，お取引先，または当社グループの機密情報や個人情報の保護については，情報保護マネジメントシステム運用の強化を図り，社内規程の制定，従業員への教育，現場点検，監査，業務委託先も含めた指導等を実施しております。

　　また，当社グループの重要な事業活動基盤の一つである社内ネットワークにつきましては，ゼロトラストを実現するべく，IT基盤の特性に合わせて対策を講じています。標的型攻撃対策として不正アクセス対策やマルウェア対策に加え，デバイス管理，ID管理，データ漏洩対策を組み合わせた認証・認可基盤を構築し，巧妙化・多様化・複雑化するサイバー攻撃への対策を実施しております。

　　さらに，委託先におけるセキュリティリスクへの対処として，制度・セキュリティ強化の両面からサプライチェーンのセキュリティ強化施策を進めております。

② 物理セキュリティに関するリスク

［リスクの概要と影響］

　　当社グループは，敷地・建物・フロアの3層において物理セキュリティ環境

を構築していますが，物理的な破壊による業務停止や情報漏洩等を完全に防げるとは限りません。このようなリスクが顕在化した場合，機密情報の漏洩や企業ブランド価値の毀損，ビジネス機会の喪失等，当社グループの事業に影響を及ぼす可能性があります。

[対策]

当社グループは，敷地・建物・フロアの3層において「人的警備」と「機械警備」を組み合わせた物理セキュリティ環境を構築しています。さらにより高度な物理セキュリティ環境を構築するために，なりすましを防ぐことが可能な静脈認証装置を組み合わせたセキュリティゲートを社内展開しています。

（13）　人材に関するリスク

[リスクの概要と影響]

当社グループの成長と利益は，人材に大きく依存するため，経営者，優秀な高度専門技術者等，必要とする人材を採用及び育成するとともに，人材が継続して働くことができる環境を整備することが重要です。人材を採用または育成することができない場合，流出を防止できない場合や重大な労務問題が発生した場合は，当社グループの成長や利益に影響を及ぼす可能性があります。

[対策]

当社グループでは，高度専門技術者に対する個別処遇やジョブ型人事制度等，多様性やチャレンジを尊重する組織風土を醸成するための人材制度改革を行うとともに，適切な労務管理を徹底することにより，優秀な人材を確保し活躍し続けられる環境を整備しております。

（14）　当社グループの施設・システムに関するリスク

[リスクの概要と影響]

当社グループでは，国内外に事業所・工場・データセンター等の様々な施設を保有・賃借するとともに，他社ベンダーのクラウドサービスを活用しております。地震，大規模な水害，火災，放射能汚染等の災害や感染症，テロ，デモ，ストライキ，施工品質の不足，運用ミス等が発生した場合，生産ラインの停止や，施

設，社内基幹情報システム等の運用停止により，当社グループの事業に影響を及ぼす可能性があります。

[対策]

　当社グループでは，社内基幹情報システム等においては，24時間365日体制によるシステム監視と運用体制を構築しています。また，いずれの施設・サービスについても，各国の建築基準その他の規制に準拠した独自の安全基準を設け，リスクの低減を図っております。

（15）　環境・気候変動に関するリスク

[リスクの概要と影響]

　当社グループでは，パーパスとして，イノベーションによって社会に信頼をもたらし，世界をより持続可能にしていくことを掲げており，環境を含むサステナビリティ課題への対応を経営の最重要事項の一つと位置付けています。しかし，事業活動を通じて環境汚染等が発生した場合，当社グループの社会的な信用低下や，浄化処理等の対策費用発生等により損益に影響を及ぼす可能性があります。

　また，近年，気候変動等により発生頻度・影響度が増大した自然災害は，調達・物流・エネルギー供給網を寸断し，気温の長期的な変化は空調エネルギー使用量の増加を招き，当社グループの事業に影響を及ぼす可能性があります。現在，世界各国が2050年までにカーボンニュートラルを目標に掲げていく中で，機関投資家も気候変動への取り組みを投資基準とする等，社会・経済のカーボンニュートラルへの流れが加速しています。温室効果ガスの排出量の規制強化や炭素税の導入に加え，顧客や社会のカーボンニュートラルへの貢献が求められていますが，これらの規制等に適合できない場合，企業レピュテーションの低下によるビジネス機会の損失や，規制への適合を条件とする入札に参加できなくなる可能性，規制適合のためのコストが増加する可能性があります。さらに，カーボンニュートラルに向けた技術開発競争が激化し，対応が遅れた場合，投資未回収や市場シェア及び利益率の低下に繋がり，当社グループの売上及び損益に影響を及ぼす可能性があります。

[対策]

当社グループでは，法律・条令等に基づき社内規程を整備し環境負荷の低減や環境汚染の発生防止等に努めています。エネルギー使用量においては，環境パフォーマンス管理システムによる事業所のエネルギー使用量の把握を行うとともに，電力においては，社内の調達電力システムを活用し，各社の電力料金の比較・分析を行い，契約電力のコストやCO_2排出量等の最適化を図っています。排水・排ガスにおいては，関連法律・条例等の排出基準よりも厳しい自主管理値を設定し，定期的な測定により数値の監視を行っています。また，当社グループ工場跡地では，土壌や地下水の調査及び浄化活動を行っています。

　さらに，主要な外部評価の評価基準を分析し，環境経営の評価軸に組み込んだ情報開示，環境パフォーマンス向上を狙いとした改善を図るとともに，グローバルな環境リーディング企業として社会的責任を果たすために，気候変動対策としてパリ協定の1.5℃水準に沿った温室効果ガス排出量削減と顧客や社会のカーボンニュートラルを戦略的に推進しています。また，顧客や社会のカーボンニュートラルに貢献するため，効率的な環境価値取引のエコシステムの構築を目指す新たなプロジェクトを開始し，企業や国を超えたCO_2削減量等の環境価値取引市場に対して，ブロックチェーン技術やカーボンニュートラル関連技術に基づく環境価値流通プラットフォームの市場適用と活性化に向けた取り組み等を行っております。

4　経営者による財政状態，経営成績及びキャッシュ・フローの状況の分析

（1）　経営成績等の状況の概要，経営者の視点による経営成績等の状況に関する分析・検討内容

　当連結会計年度における当社及び連結子会社並びに持分法適用会社（以下，当社グループ）の経営成績，財政状態及びキャッシュ・フローの状況の概要，経営者の視点による当社グループの経営成績等の状況に関する認識及び分析・検討内容は次の通りです。文中における将来に関する事項は，当連結会計年度末（2023年3月31日）現在において判断したものです。

　文中において，当連結会計年度は当年度，前連結会計年度は前年度と，省略して記載しています。

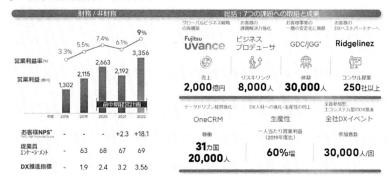

前中期経営計画では，お客様の価値創造と自らの変革の２つを軸に，７つの課題を定めて取り組んで参りました。

グローバルビジネスの再構築では，グローバル共通となる Fujitsu Uvance の提供をスタートし，2022年度で2,000億円の売上を達成しました。

グローバルで１万１,000人の営業担当のうち8,000人のリスキリングを行いました。グローバルデリバリーセンター（GDC）とジャパン・グローバルゲートウェイ（JGG）のリソースを３万人に増強し，グローバルビジネスを拡大するための基盤を強化しました。

また，Ridgelinez を設立し，ここを起点に全社でのコンサルティング力強化を図りました。

さらに，自らの変革では，全方位でのデジタルトランスフォーメーションに取り組んでまいりました。その成果は DX推進指標に表れており，グローバル企業の水準に届いたと考えております。また，データドリブン経営の中核となる OneFujitsu の取り組みや，Work Life Shift といった働き方や人材マネジメント変革も進めております。

これらの施策の結果，一人当たりの営業利益は2019年度と比較して60％増加しており，生産性の向上につながりました。

② **持続的な成長と収益力向上のモデル構築への取り組み**

昨今の事業の状況に合わせて，2023年度より事業セグメントを変更します。

従来のテクノロジーソリューションを，サービスソリューションと，ハードウェアソリューションの2つに分類します。サービスソリューションは，FujitsuUvanceを中心とするグローバル横断なソリューションや，各リージョンが提供するサービスビジネスなどで構成され，ハードウェアソリューションは，ハードウェアおよびハードウェアの保守ビジネスで構成されます。

このように，事業構造をシンプルに分けることで，成長領域への投資や効果をより明確にし，事業ポートフォリオのマネジメントを強化してまいります。

サービスソリューションは，Fujitsu Uvance を中心とした On Cloud 型のデジタルサービスと，従来型の On Premise のサービスで構成されます。2025年度までの3年間で，サービスソリューション全体として売上は現在の2兆円から約20％伸長，調整後営業利益率（＊1）は現在の8％から15％をターゲットとしております。

On Cloud のデジタルサービスは，利益性の高い事業の売上規模を拡大することで，売上と利益の双方を伸ばしてまいります。そのための注力施策として，さらなるコンサルティング力の強化やパートナーとの戦略的アライアンスの強化，当社の先端テクノロジーの強化やビジネスへの実装，そして，デジタルサービスを提供するための人材育成などを掲げております。

On Premise のサービスでは，デリバリーの標準化による生産性向上や，クラウドシフトにつながるモダナイゼーションの拡大に取り組み，利益を拡大してまいります。

＊1　営業利益から事業再編，事業構造改革，M&A等に伴う損益ならびに制度変更等による一過性の損益を控除した，本業での実質的な利益を示す指標（従来，本業利益として表記していたものと同一）

（ⅰ） 財務目標

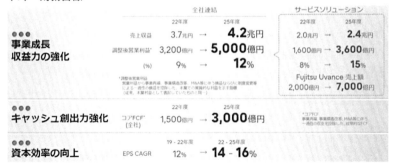

2025年度の財務目標として，売上収益4兆2,000億円，調整後営業利益は5,000億円，調整後営業利益率12％という目標を定めております。

Fujitsu Uvance を成長のドライバーとして，サービスソリューションを中心に全社の収益性拡大を目指します。キャッシュの創出力として，コアフリーキャッシュフローは3,000億円，全社の資本効率性については，EPSのCAGRを14％から16％という目標にしました。

（ⅱ） 非財務目標

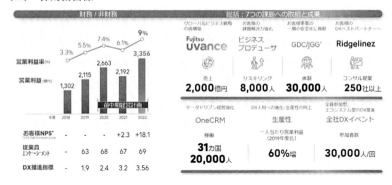

2025年度の非財務目標は，環境，お客様，生産性，そして人材の4つの項目においてKPIを定め，目標達成に向けて取り組んでまいります。

環境でのKPIとしては，GHG（Green House Gas：温室効果ガス）を，いずれも2020年度と比較し，Scope1，2の富士通グループで50％削減，Scope3

のサプライチェーンで12.5％の削減を目指してまいります。

　お客様では，従来のKPIであるお客様NPS（＊2）を継続してKPIとし，2022年度比で20ポイント上昇を目指してまいります。

　生産性については，従業員一人当たりの営業利益を2022年度比で40％上昇を目指してまいります。

　人材面は，従来のKPIである従業員エンゲージメントを継続してKPIとし，前回達成できなかったグローバルでのスコア75の達成を目指してまいります。また，ダイバーシティリーダーシップの指標として，まずグローバルでの女性幹部社員比率をKPIとして設定し，2022年度の14％から2025年度で20％に拡大することを目標としました。これは，2030年度で30％の達成を目指し，そこからバックキャストして定めております。

　財務，非財務両面での目標達成を目指してまいります。

＊2　お客様NPSとは，お客様との信頼関係＝顧客ロイヤリティの客観的な評価を可能とする指標です。購入した商品やサービスに対する満足あるいは不満の度合いを示す顧客満足度と異なり，顧客ロイヤリティは，お客様の愛着度合いやリピート購入の見込みを判断できるという特徴があります。

（ⅲ）　財務戦略・キャピタルアロケーション

　財務戦略，キャピタルアロケーションの計画は，キャッシュ創出力を強化，それを最適にアロケートする事で企業価値向上に繋げてまいります。

　アロケーションのもととなるベース・キャッシュ・フロー（事業成長投資前フリー・キャッシュ・フローにリース料支払を加えたもの）を大きく拡大させます。従来のキャピタルアロケーションポリシーでは，2020年から24年度までの5年間で1兆円超のキャッシュ・フロー創出を計画しておりましたが，今回の計画では，2023年度から3年間において，1兆3,000億円のベース・キャッシュ・フロー創出を計画，従来計画から大幅に拡大させます。事業の成長によるキャッシュ・フロー拡大に加え，運転資本効率の改善や，ノンコアアセットの売却による収入も見込んでおります。

　アロケート先は，事業成長投資に約7,000億円，株主還元に6,000億円です。事業成長投資を力強く進める事で，更なるビジネスの持続的成長に繋げ，インオーガニックな成長の為の投資や，今後のトランスフォーメーションなど事業変革も含めたリスク対応資金も含めて考えております。

一方，株主還元も，企業価値向上に繋がる重要なアロケート先であり，財務基盤や資本効率性も見極めながら大きく拡大させます。配当は，利益成長に対応しながら安定的かつ着実な増配を図ります。また，自己株式の取得は，財務基盤や資本効率を見極めつつ機動的に実施してまいります。既に，将来のキャッシュ・フロー拡大の蓋然性を踏まえ，先行して2022年度に1,500億円の自己株式取得を実施しました。2023年度以降，中期計画期間においても，キャッシュ・フローの拡大を確実に実現する事で，同規模の自己株式取得を計画しています。

　これにより，総還元額は2020年から22年度の3年間の 約3,500億円 から，2023年度から始まる3年間総額で 約6,000億円規模に大幅に増加させる計画です。持続的な事業成長による利益とキャッシュ・フロー創出力の拡大を背景に，強固な財務基盤の確保と資本効率向上の両立をはかってまいります。。

［2022年度決算ハイライト］

　売上収益は3兆7,137億円，営業利益は3,356億円，親会社の所有者に帰属する当期利益は2,151億円となりました。

　テクノロジーソリューションでは，デジタル化やモダナイゼーションなどDX関連需要が拡大しました。部材供給遅延については，上半期までは影響が継続しておりましたが，第3四半期には底を打ち回復も進み，時間を追って売上収益・採算性共に改善しました。

　事業構造改革や事業譲渡に関わる一過性の利益147億円を除く本業ベースの営業利益は3,208億円，本業ベースの営業利益率8.6％，と前年度比0.9ポイントの改善となりました。特殊事項として，当年度は事業譲渡益が含まれており，前年度にはDX企業への変革を加速するための施策を実施した費用を含んでおります。

（ⅰ）　コストや費用の効率化の進捗状況

　売上総利益は254億円増加し前年度比2.3％の改善です。その結果，売上総利益は1兆1,440億円，売上総利益率は30.8％となりました。

　事業再編影響を除く売上総利益はソリューション・サービスが大きく改善する一方で，海外リージョンとデバイスソリューションが悪化しました。GDCを活用したグローバルでの開発・運用の標準化を継続し，生産性の改善を進めておりま

(point) **設備投資等の概要**

　セグメントごとの設備投資額を公開している。多くの企業にとって設備投資は競争力向上・維持のために必要不可欠だ。企業は売上の数％など一定の水準を設定して毎年設備への投資を行う。半導体などのテクノロジー関連企業は装置産業であり，技術発展のスピードが速いため，常に多額の設備投資を行う宿命にある。

す。

　営業費用は1億円増加しました。事業再編影響や事業成長投資を除いた営業費用・その他損益では306億円改善しております。働き方改革の効果の表れや遊休資産の売却などを実施したことによります。

（ii）事業成長投資

　事業成長投資は，1,310億円と前年度から460億円増加しました。価値創造に向けた投資が565億円，自らの成長に向けた投資が745億円です。

　価値創造に向けた投資としては，Fujitsu Uvance などグローバルオファリングの開発，サービスデリバリーモデルの確立に向けた JGG の強化を推進しています。開発・保守業務の標準化と内製化を進め，GDC の強化など，サービスデリバリ変革への投資が中心です。

　自らの変革に向けた投資としては，データドリブン経営の基盤として OneFujitsu などの社内DX を進めたほか，従業員のウェルビーイングを実現する Work Life Shift と人材育成に継続的な投資を実施しています。データドリブン経営の高度化が進めば，より早く・詳細に財務情報を把握でき，さらに効率的・効果的な経営判断が可能になります。

③ 経営成績

＜要約連結損益計算書＞

（億円）

	前年度 （自 2021年4月 1日 至 2022年3月31日）	当年度 （自 2022年4月 1日 至 2023年3月31日）	前年度比	増減率 （%）
売上収益	35,868	37,137	1,269	3.5
売上原価	△24,681	△25,696	△1,014	4.1
売上総利益	11,186	11,440	254	2.3
販売費及び一般管理費	△8,527	△8,529	△1	0.0
その他の損益	△466	445	911	－
営業利益	2,192	3,356	1,164	53.1
＜本業ベース営業利益＞（注1）	＜2,756＞	＜3,208＞	＜452＞	＜16.4＞
金融損益	69	82	12	18.7
持分法による投資利益	138	280	141	102.4
税引前利益	2,399	3,718	1,318	55.0
法人所得税費用	△268	△1,270	△1,001	373.1
非支配持分に帰属する当期利益	304	296	△7	△2.5
親会社の所有者に帰属する当期利益	1,826	2,151	324	17.8

（注1）事業構造改善費用や事業譲渡に関する損益等一過性の利益または損失，M&Aに関するPPAを除いた営業利益

(point) 主要な設備の状況

　「設備投資等の概要」では各セグメントの1年間の設備投資金額のみの掲載だが，ここではより詳細に，現在セグメント別，または各子会社が保有している土地，建物，機械装置の金額が合計でどれくらいなのか知ることができる。

	前年度	当年度	前年度比
売上総利益率	31.2%	30.8%	△0.4%
営業利益率	6.1%	9.0%	2.9%
ROE（注2）	12.0%	13.5%	1.5%
EPS（注3）	924.21円	1,107.63円	19.8%

(注2) 親会社の所有者に帰属する当期利益÷｜（期首の親会社の所有者に帰属する持分合計（自己資本）＋ 期末の親会社の所有者に帰属する持分合計（自己資本））÷2｜

(注3) 基本的1株当たり当期利益

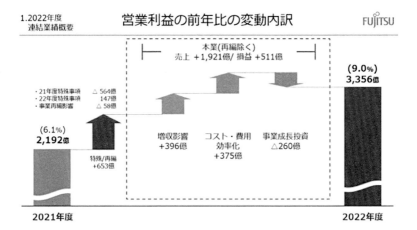

（ⅰ） 売上収益

　当年度の売上収益は3兆7,137億円と，前年度比で1,269億円の増収です。事業構造改革等の再編を除く本業ベースでは前年度比1,921億円の増収です。システムプラットフォームは10%伸長し，サーバ・ストレージを中心とするシステムプロダクトでは，前半は部材供給遅延の影響を大きく受けましたが，第3四半期以降はリカバリに転じ，前年度を大きく上回りました。ネットワークビジネスは5G基地局や北米フォトニクスの所要増に伴い，15%伸長しております。デバイスは2%伸長に留まりました。デマンドは上期までは力強く拡大，下期に入り急激に低下しました。

（ⅱ）　売上原価，販売費及び一般管理費，その他の損益並びに営業利益

　当年度の売上原価は2兆5,696億円で，売上総利益は1兆1,440億円，前年度比で254億円増加しました。販売費及び一般管理費は8,529億円と，前年度比で1億円増加しました。また，その他の損益は445億円の利益と，前年度比で911億円好転しました。

　営業利益は，前年度が2,192億円，当年度が3,356億円となりました。特殊事項および事業再編の影響によるもので653億円の好転です。前年度はDX人材施策を実施した費用を含んでおり，当年度は事業再編影響による好転要因がありました。

　前年度からの本業の変動要因は3点です。第1に増収効果で396億円の増益となりました。テクノロジーソリューションは各サブセグメントとも前年度から伸長しました。第2にコストと費用の効率化により375億円の増益となりました。GDCの活用に加え，インフラサービスでも保守，運用サポートの効率化を着実に進め，採算性が改善しました。第3に事業成長投資の増加により260億の減益となりました。Fujitsu Uvanceのオファリング開発など価値創造に向けた投資，および自らの変革に向けた社内DX投資を引き続き進めました。

（ⅲ）　金融損益，持分法による投資利益及び税引前利益

　金融収益と金融費用を合わせた金融損益は82億円の利益と，前年度比で12億円の増益となりました。持分法による投資利益は280億円と，前年度比で141億円の増益となりました。税引前利益は3,718億円と，1,318億円の増益となりました。

（ⅳ）　法人所得税費用，当期利益及び親会社の所有者に帰属する当期利益

　当期利益は2,448億円と，前年度比で317億円の増益となりました。当期利益のうち，親会社の所有者に帰属する当期利益は2,151億円の利益で前年度から324億円の増益となりました。非支配持分に帰属する金額は296億円の利益で前年度から7億円の減少となりました。法人所得税費用は1,270億円と前年度比で1,001億円増加しました。税引前利益に対する税負担率は，前年度の11.2%から当年度は34.2%となりました。前年度に北米子会社の再編に伴い一部子会社を清算したことによる税効果影響280億円などを含んでおります。

親会社の所有者に帰属する当期利益を親会社の所有者に帰属する持分（自己資本）で除して算定したROEは前年度12.0%から当年度は13.5%となりました。EPSは前年度924.21円から当年度は1,107.63円と増加し2019年度から2022年度末までの平均成長率は12%と計画に沿った達成状況です。

株主還元を安定的に拡大させる方針のもと，当年度の1株あたり年間配当は240円と，前年度から年間で20円増額，7期連続増配しました。また，当年度は自己株式約1,500億円を取得し，2022年4月に設定した1,500億円の自己株式取得枠の全額の取得を完了しました。

（v）　税引後その他の包括利益及び当期包括利益

税引後その他の包括利益は255億円のマイナスとなりました。確定給付制度の再測定の影響が417億円のマイナス，その他包括利益を通じて公正価値で測定する金融資産のプラスの影響が177億円ありました。当期利益と税引後その他の包括利益を合わせた当期包括利益は2,193億円となりました。当期包括利益のうち，親会社の所有者に帰属する当期包括利益は1,883億円，非支配持分に帰属する当期包括利益は310億円となりました。

（vi）　セグメント情報

当社グループは，経営組織の形態，製品・サービスの特性に基づき，複数の事業セグメントを集約した上で，「テクノロジーソリューション」，「ユビキタスソリューション」及び「デバイスソリューション」の3つを報告セグメントとしています。「テクノロジーソリューション」については，情報通信システムの構築などを行うソリューション／ SI，クラウドサービスやアウトソーシング，保守サービスを中心とする「ソリューション・サービス」，ICTの基盤となる，サーバやストレージシステムなどのシステムプロダクトと携帯電話基地局や光伝送システムなどの通信インフラを提供するネットワークプロダクトにより構成される「システムプラットフォーム」，海外においてソリューション・サービスを提供する「海外リージョン」，テクノロジーソリューション全体に関する投資等を含む「共通」により構成されています。「ユビキタスソリューション」は，パソコンなどの「クライアントコンピューティングデバイス」により構成されています。「デバイスソリューション」は，半導体パッケージ，電池をはじめとする「電子部品」により構成されています。

(point) **設備の新設，除却等の計画**

ここでは今後，会社がどの程度の設備投資を計画しているか知ることができる。毎期どれくらいの設備投資を行っているか確認すると，技術等での競争力維持に積極的な姿勢かどうか，どのセグメントを重要視しているか分かる。また景気が悪化したときは設備投資額を減らす傾向にある。

当年度のセグメント別の売上収益（セグメント間の内部売上収益を含む）及び営業利益は以下のとおりです。

（億円）

	前年度 (自 2021年4月 1日 至 2022年3月31日)	当年度 (自 2022年4月 1日 至 2023年3月31日)	前年度比	増減率 (%)
テクノロジーソリューション				
売上収益	30,563	31,765	1,201	3.9
営業利益	1,350	2,631	1,281	94.9
（営業利益率）	(4.4%)	(8.3%)	(3.9%)	
ソリューション・サービス				
売上収益	18,405	18,193	△211	△1.1
営業利益	1,887	2,337	449	23.8
（営業利益率）	(10.3%)	(12.8%)	(2.5%)	
システムプラットフォーム				
売上収益	6,175	6,781	606	9.8
営業利益	566	689	122	21.7
（営業利益率）	(9.2%)	(10.2%)	(1.0%)	
海外リージョン				
売上収益	7,293	8,124	830	11.4
営業利益	239	59	△180	△75.1
（営業利益率）	(3.3%)	(0.7%)	(△2.6%)	
共通				
売上収益	△1,310	△1,334	△23	－
営業利益	△1,344	△454	889	－
ユビキタスソリューション				
売上収益	2,371	2,329	△41	△1.7
営業利益	58	△65	△124	
（営業利益率）	(2.5%)	(△2.8%)	(△5.3%)	
デバイスソリューション				
売上収益	3,759	3,826	66	1.8
営業利益	783	790	7	0.9
（営業利益率）	(20.8%)	(20.7%)	(△0.1%)	
全社消去				
売上収益	△826	△784	41	－
連結				
売上収益	35,868	37,137	1,269	3.5
営業利益	2,192	3,356	1,164	53.1
（営業利益率）	(6.1%)	(9.0%)	(2.9%)	

a　テクノロジーソリューション

　テクノロジーソリューションの売上収益は3兆1,765億円と，前年度比で1,201億円増，3.9%の増収です。営業利益は2,631億円と，前年度に人材施策に関する費用が含まれていたことと，また採算性が改善し前年度比で1,281億円の増益です。

（point）**株式の総数等**

　発行可能株式総数とは，会社が発行することができる株式の総数のことを指す。役員会では，株主総会の了承を得ないで，必要に応じてその株数まで，株を発行することができる。敵対的TOBでは，経営陣が，自社をサポートしてくれる側に，新株を第三者割り当てで発行して，買収を防止することがある。

ソリューション・サービスの売上収益は1兆8,193億円と，前年度比で211億円減，1.1%の減収となりました。営業利益は2,337億円と，前年度比で449億円の増益です。国内のSI／サービスの増収効果による利益改善に加え開発標準化や費用効率化など，今まで取り組んできた施策が確実に成果をあげております。

　システムプラットフォームの売上収益は6,781億円と，前年度比で606億円増，9.8%の増収となりました。営業利益は689億円と，前年度比で122億円の増益です。部材供給遅延からのリカバリおよび，5G基地局の所要増や北米向けのフォトニクスの増収効果が寄与し，増益となりました。

　海外リージョンの売上収益は8,124億円と，M&Aによるデジタル関連のケイパビリティ強化に伴いサービスビジネスが拡大したことに加え，為替影響もあり前年度比で830億円増，11.4%の増収となりました。営業利益は59億円と，前年度比で180億円の減益です。M&Aに関連した一過性のコストの発生や為替の影響を受けました。

　テクノロジーソリューション共通の売上収益は1,334億円のマイナスと，前年度比で23億円の悪化です。

　テクノロジーソリューションを価値創造のための2つの事業領域，「For Growth」と「For Stability」に分けて見た売上収益の状況です。

　「For Growth」は1兆1,221億円と前年度比で713億円増，7%増収です。ソリューション・サービスは5%増収です。コンサルやモダナイゼーション，DX案件，アプリケーション，クラウドなどが拡大しました。システムプラットフォームも5G基地局や北米ネットワークビジネスがけん引し7%増収です。海外リージョンは39%増収です。ハイブリッドITやセキュリティ関連サービスが成長し，オセアニアで実施したM&Aによるケイパビリティ向上も成長に寄与しました。

　「For Stability」は2兆544億円と2%増収と前年度並みになりました。

b　ユビキタスソリューション

　ユビキタスソリューションの売上収益は2,329億円と，前年度比で1.7%の

減収となりました。営業利益は65億円の損失と，前年度比で124億円の減益です。為替変動によるコスト増に対し，追加のコストダウンや価格転嫁を進めてきましたが，全体をカバーするにはいたりませんでした。

c デバイスソリューション

デバイスソリューションの売上収益は3,826億円と，前年度比で1.8%の増収となりました。上半期までは強いデマンドが続いたものの，下半期に入り急速な市況の変化によるブレーキがかかり，物量が大幅に減少しました。それに伴う操業の低下もあり，年間を通すと前年度並みの水準です。

(vii) 事業別セグメント情報 (国内海外売上高)

（億円）

		前年度 (自 2021年4月 1日 至 2022年3月31日)	当年度 (自 2022年4月 1日 至 2023年3月31日)	前年度比	増減率 (%)
テクノロジー ソリューション	売上収益	30,563	31,765	1,201	3.9
	国内	21,312	21,307	△4	0.0
	海外	9,251	10,458	1,206	13.0
ソリューション サービス	売上収益	18,405	18,193	△211	△1.1
	国内	17,951	18,001	50	0.3
	海外	453	191	△262	△57.8
システム プラットフォーム	売上収益	6,175	6,781	606	9.8
	国内	4,165	3,961	△204	△4.9
	海外	2,009	2,819	810	40.3
海外リージョン	売上収益	7,293	8,124	830	11.4
	国内	6	5	0	△13.5
	海外	7,287	8,119	831	11.4
共通	売上収益	△1,310	△1,334	△23	－
ユビキタス ソリューション	売上収益	2,371	2,329	△41	△1.7
	国内	1,296	1,434	137	10.6
	海外	1,074	895	△178	△16.6
デバイス ソリューション	売上収益	3,759	3,826	66	1.8
	国内	870	896	26	3.0
	海外	2,889	2,930	40	1.4
全社消去	売上収益	△826	△784	41	－
連結計	売上収益	35,868	37,137	1,269	3.5
	国内	22,698	22,902	203	0.9
	海外	13,169	14,234	1,065	8.1
	海外売上比率	36.7%	38.3%	1.6%	

(Ⅷ) 海外リージョンの損益情報

　当社グループは，グローバルでの売上収益の拡大と収益力向上を経営上の重要な課題の1つであると考えており，テクノロジーソリューションに含まれる海外リージョンの損益情報は当社グループの事業管理において重要な項目であるとともに，株主，投資家の皆様に当社グループの損益概況をご理解頂くための有益な情報であると考えています。

（億円）

		前年度 （自 2021年4月 1日 至 2022年3月31日）	当年度 （自 2022年4月 1日 至 2023年3月31日）	前年度比	増減率 （%）
Europe					
	売上収益	5,422	5,781	358	6.6
	営業利益	144	41	△102	△70.8
	（営業利益率）	(2.7%)	(0.7%)	(△2.0%)	
Americas					
	売上収益	415	526	111	26.7
	営業利益	14	26	11	78.6
	（営業利益率）	(3.4%)	(4.9%)	(1.5%)	
Asia Pacific					
	売上収益	1,289	1,618	328	25.4
	営業利益	45	△24	△70	－
	（営業利益率）	(3.5%)	(△1.5%)	(△5.0%)	
East Asia					
	売上収益	342	448	105	30.7
	営業利益	4	15	11	275.0
	（営業利益率）	(1.2%)	(3.3%)	(2.1%)	
その他・消去					
	売上収益	△176	△250	△74	－
	営業利益	30	0	△30	－
海外リージョン					
	売上収益	7,293	8,124	830	11.4
	営業利益	239	59	△180	△75.1
	（営業利益率）	(3.3%)	(0.7%)	(△2.6%)	

　売上収益は8,124億円と，M&Aによるデジタル関連のケイパビリティ強化に伴いサービスビジネスが拡大したことに加え，為替影響もあり，前年度比で830億円増と11.4%の増収となりました。営業利益は59億円とM&Aに関連した一過性のコストの発生や為替の影響を受け前年度から180億円の減益となりました。

　なお，当年度に地域別の区分の見直しを行っております。詳細は1「経営方針，経営環境及び対処すべき課題等」をご参照ください。

(point) 連結財務諸表

　ここでは貸借対照表（またはバランスシート，BS），損益計算書（PL），キャッシュフロー計算書の詳細を調べることができる。あまり会計に詳しくない場合は，最低限，損益計算書の売上と営業利益を見ておけばよい。可能ならば，その数字が過去5年，10年の間にどのように変化しているか調べると会社への理解が深まるだろう。

⑷ 財政状態

＜要約連結財政状態計算書＞

（億円）

	前年度末 （2022年3月31日）	当年度末 （2023年3月31日）	前年度末比
資産			
流動資産	19,418	19,178	△240
非流動資産	13,899	13,477	△422
資産合計	33,318	32,655	△662
負債			
流動負債	13,207	12,764	△442
非流動負債	2,953	2,523	△430
負債合計	16,160	15,287	△873
資本			
自己資本	15,907	15,868	△38
非支配持分	1,250	1,499	249
資本合計	17,157	17,368	210
負債及び資本合計	33,318	32,655	△662
現金及び現金同等物	4,840	3,559	△1,281
有利子負債	2,853	2,111	△741
ネットキャッシュ	1,987	1,447	△539

（注）　自己資本　　　：親会社の所有者に帰属する持分合計
　　　　有利子負債　　：社債，借入金及びリース負債
　　　　ネットキャッシュ：現金及び現金同等物－有利子負債

（ご参考）財務指標

	前年度末 （2022年3月31日）	当年度末 （2023年3月31日）	前年度末比
自己資本比率	47.7%	48.6%	0.9%
D/Eレシオ	0.18倍	0.13倍	△0.05倍

（注）　自己資本比率　：親会社の所有者に帰属する持分合計（自己資本）÷資産合計
　　　　D／Eレシオ　：有利子負債÷親会社の所有者に帰属する持分合計（自己資本）

　当年度末の資産合計は3兆2,655億円と，前年度末から662億円減少しました。流動資産は1兆9,178億円と，前年度末比で240億円減少しました。売上債権，棚卸資産が増加した一方で，現金及び現金同等物は3,559億円と，前年度末比で1,281億円減少しました。非流動資産は1兆3,477億円と，前年度末比で422億円減少しました。退職給付に係る資産などが減少しました。

　負債合計は1兆5,287億円と，前年度末比で873億円減少しました。流動負債及び非流動負債の社債，借入金及びリース負債を合わせた有利子負債は2,111

億円と，前年度末比で741億円減少しました。この結果，D/Eレシオは0.10倍と，前年度末比で0.05ポイント低下しました。現金及び現金同等物から有利子負債を控除したネットキャッシュ残高は1,447億円と，前年度末比で539億円減少しました。

資本合計は1兆7,368億円と，前年度末比で210億円増加しました。利益剰余金は1兆2,265億円と，親会社の所有者に帰属する当期利益を計上したことなどにより前年度末比で1,381億円増加しました。その他の資本の構成要素は708億円と，前年度末比で72億円増加しました。また，自己株式は2,777億円のマイナスです。株主還元施策として当年度は自己株式約1,500億円を取得しました。これらの結果，自己資本は1兆5,868億円となり，自己資本比率は48.6％と，前年度末比で0.9ポイント上昇しました。

確定給付型退職給付制度の状況 (億円)

	前年度末 （2022年3月31日）	当年度末 （2023年3月31日）	前年度末比
a. 確定給付制度債務	15,776	13,202	△2,574
b. 年金資産	16,012	13,067	△2,944
c. 積立状況　(b) － (a)	235	△135	△370

国内外の従業員向け確定給付型退職給付制度の退職給付債務は1兆3,202億円と，前年度末比で2,574億円減少し，年金資産は1兆3,067億円と，前年度末比で2,944億円減少しました。この結果，積立状況（退職給付債務から年金資産を控除した金額）は135億円の不足と，前年度末比で370億円悪化しました。割引率の上昇により年金債務が減少したことおよび，金利変動による確定給付制度債務の現在価値の変動に制度資産を連動させる年金資産が減少したことなどによります。

(point) **ICT需要を追い風に過去最高益にチャレンジ**

今後ICT化の需要をうまく取り込めば過去最高営業利益2,440億円の更新も可能だろう。ちなみに，前回の国内ITサービス好況期（04/3期から08/3期）は08/3期の営業利益2,049億円が直近のピーク。その後はリーマンショックの影響によるIT投資停滞期（09/3期から11/3期），富士通の構造改革期（12/3期から14/3期）を経て現在に至る。

⑤ キャッシュ・フロー

＜要約連結キャッシュ・フロー計算書＞

(億円)

	前年度 (自 2021年4月 1日 至 2022年3月31日)	当年度 (自 2022年4月 1日 至 2023年3月31日)	前年度比
Ⅰ営業活動によるキャッシュ・フロー	2,483	2,203	△280
Ⅱ投資活動によるキャッシュ・フロー	△592	△428	164
Ⅰ＋Ⅱフリー・キャッシュ・フロー	1,890	1,775	△115
Ⅲ財務活動によるキャッシュ・フロー	△1,936	△3,135	△1,199
Ⅳ現金及び現金同等物の期末残高	4,840	3,559	△1,281

(ご参考)

ベース・キャッシュ・フロー	2,118	2,500	382

　当年度の営業活動によるキャッシュ・フローは2,203億円と，前年度に実施したDX人材施策に関するキャッシュアウトおよび事業成長投資の拡大などにより前年度比で280億円の収入減となりました。

　投資活動によるキャッシュ・フローは428億円のマイナスと，前年度比で164億円の支出減となりました。

　営業活動及び投資活動によるキャッシュ・フローを合わせたフリー・キャッシュ・フローは1,775億円のプラスと，前年度から115億円の収入減となりました。

　成長投資実行前のフリー・キャッシュ・フローにリース料支払額を加えたベース・キャッシュ・フローは2,500億円プラスと前年度から382億円の収入増となりました。ベース・キャッシュ・フローは，事業ならびに保有資産最適化から生み出されたキャッシュ・フローで成長投資と株主還元への配分原資となるものです。

　財務活動によるキャッシュ・フローは3,135億円のマイナスと，前年度比で1,199億円の支出増となりました。配当金の支払いで452億円，自己株式の取得で1,501億円支出しました。自己株式の取得は前年度から999億円増加しました。

　当年度末の現金及び現金同等物は3,559億円です。当社グループは，緊急の資金需要に対応するため，月商の数カ月分を目安に十分な手元流動性を確保しています。また，当社は，グローバルに資本市場から資金調達するため，ムーディーズ・

インベスターズ・サービス（以下，ムーディーズ），スタンダード＆プアーズ（以下，S&P）及び株式会社格付投資情報センター（以下，R&I）から債券格付けを取得しています。本有価証券報告書提出日現在における格付けは，ムーディーズ：A3（長期），S&P：A-（長期），R&I：A+（長期）/a-1（短期）です。

当社グループは，事業や国・地域毎の特性やリスクを加味し，株主資本コストと借入コストの加重平均として資金調達コストを算定し，これに基づいて各事業における投資意思決定や回収可能性の判断を行っています。当社グループは，今後ますます需要が高まるDXビジネスに経営資源を集中し，中長期的に安定して高い収益性を獲得していくことによって，資金調達コストより高いリターンをあげることができると考えています。

⑥　生産，受注及び販売の実績

富士通単独および富士通Japanの国内受注については，基幹システム刷新やモダナイゼーションへのデマンドが強いことに加え，お客様のDX変革に向けた価値提案が着実に商談獲得に繋がっており，前年度から3%増加しました。

ソリューション・サービスの事業別には以下の通りです。まず，エンタープライズ（産業・流通）では前年度比8%増加と年間を通して強いデマンドが続きました。特に第4四半期では，製造系や流通系のお客様の基幹システム刷新やモダナイゼーション商談を複数獲得しました。また，DX案件も増加しており好調な受注を維持しています。ファイナンス（金融・小売）でも前年度比3%増加し同じく第4四半期でネット銀行や保険のお客様向けの基幹システム更新などを含む大型商談を獲得しました。JAPANリージョン（官公庁・社会基盤他）でも第4四半期に官公庁向けの大型商談を複数受注したことにより，前年度比8%増加しました。富士通Japan（自治体・ヘルスケア・文教・民需（中堅他））では前年度比3%増加しました。

一方，ネットワークでは，前年度獲得した北米向けの大型受注の反動で18%減少です。

海外の受注状況です。Europeでは2%減少しましたが，サービスでは7%増加です。上期に大型の更新案件を獲得しました。Americasは前年度，カナダの公共向けで複数年の大型商談を獲得した反動をうけ10%の減少です。Asia Pacificでも2%の減少ですが，サービスは20%増加です。下半期に公共の大型案件を複数獲得した

ことで前年度を上回りました。また，M&Aによるデジタル関連のケイパビリティが
増えたことも受注増に寄与しています。

⑦　**重要な会計方針及び見積り**

　IFRSに準拠した連結財務諸表の作成において，経営陣は，会計方針の適用並び
に資産，負債，収益及び費用に影響を与える判断，見積り及び仮定を必要としてお
りますが，実際の結果と異なる場合があります。また，見積り及びその基礎となる
仮定は継続して見直されます。会計上の見積りの見直しによる影響は，その見積り
を見直した連結会計期間及び影響を受ける将来の連結会計期間において認識されま
す。連結財務諸表の金額に重要な影響を与える見積り及び判断については，「第5
経理の状況　連結財務諸表注記 4. 重要な会計上の見積り及び見積りを伴う判断」
をご参照ください。

設備の状況

1　設備投資等の概要

　当社グループでは，当年度において1,210億円（前年度比36.1％増）の設備投
資を行いました。

　テクノロジーソリューションでは，サービス事業の関連設備や，当社が進めて
いるBorderless Office（オフィスのあり方の見直し）に伴う事業所の新設，改装
等を中心に486億円を投資しました。

　デバイスソリューションでは，新光電気工業（株）の電子部品の製造設備を中
心に723億円を投資しました。

2　主要な設備の状況

　当社グループにおける主要な設備は，以下のとおりです。

（1）　提出会社 ……………………………………

2023年3月31日現在

事業所名 （所在地）	セグメント の名称	設備の内容	帳簿価額（百万円）					従業 員数 （人）
			建物 及び 構築物	機械 及び 装置	工具， 器具及び 備品	土地 （面積千㎡）	合計	
館林データセンター （群馬県館林市）	テクノロジー ソリューショ ン	アウトソー シング設備	21,255	7	9,254	1,913 (126)	32,430	52
Fujitsu Uvance Kawasaki Tower （川崎市幸区）	テクノロジー ソリューショ ン	システム開 発設備	22,381	92	1,542	－	24,016	11,403
富士通ソリューション スクエア （東京都大田区）	テクノロジー ソリューショ ン	システム開 発設備	9,565	5	1,091	11,971 (24)	22,633	244
富士通新川崎テクノロジー スクエア （川崎市幸区）	テクノロジー ソリューショ ン	ネットワー ク及びプラ ットフォー ムの開発・ 検証設備等	13,403	17	4,262	－	17,683	21
明石データセンター （兵庫県明石市）	テクノロジー ソリューショ ン	アウトソー シング設備	11,203	7	3,378	2 (82)	14,591	41
川崎工場 （川崎市中原区）	テクノロジー ソリューショ ン	ソフトウェ ア、情報シ ステム及び 通信システ ムに関する 研究開発設 備	8,383	62	3,463	1,477 (142)	13,387	6,404
横浜データセンター （横浜市）	テクノロジー ソリューショ ン	アウトソー シング設備	11,088	26	1,659	－	12,773	72
沼津工場 （静岡県沼津市）	テクノロジー ソリューショ ン	ソフトウェア 開発設備並び にシステム構 築及び評価用 設備	4,979	19	1,598	3,395 (536)	9,992	870
本社事務所（汐留） （東京都港区）	テクノロジー ソリューショ ン	本社機能	8,161	56	1,153	－	9,371	10,273
小山工場 （栃木県小山市）	テクノロジー ソリューショ ン	光伝送シス テム製造設 備	4,784	205	1,626	220 (160)	6,836	203
厚木研究所 （神奈川県厚木市）	テクノロジー ソリューショ ン	ソフトウェ ア、情報シ ステム、通信シ ステム及び電 子デバイス等 に関する研究 開発設備	2,655	187	176	－	3,019	69

2023年3月31日現在

会社名及び事業所名 （所在地）	セグメントの名称	設備の内容	帳簿価額（百万円）					従業員数（人）
			建物及び構築物	機械及び装置	工具、器具及び備品	土地（面積千㎡）	合計	
富士通フロンテック株式会社 （本社：東京都稲城市） ※1	テクノロジーソリューション	金融・自動機関連機器等開発・製造設備等	3,156	440	7,815	2,495 (146)	13,906	4,828
富士通テレコムネットワークス株式会社 （本社：栃木県小山市） ※1、※3	テクノロジーソリューション	光伝送システム開発・製造設備等	424	1,205	1,355	－	2,984	1,038
富士通アイソテック株式会社 （本社：福島県伊達市）	テクノロジーソリューション	PCサーバ等製造設備	988	169	65	594 (74)	1,816	129
新光電気工業株式会社 （本社：長野県長野市） ※1、※2、※3	デバイスソリューション	半導体パッケージ等開発・製造設備等	37,227	45,165	3,075	8,346 (456)	93,813	6,159
FDK株式会社 （本社：東京都港区） ※1	デバイスソリューション	電池等開発・製造設備等	6,167	5,461	1,049	2,185 (156)	14,862	2,450

2023年3月31日現在

会社名 （所在地）	セグメントの名称	設備の内容	帳簿価額（百万円）					従業員数 （人）
			建物及び構築物	機械及び装置	工具、器具及び備品	土地 （面積千㎡）	合計	
Fujitsu Technology Solutions (Holding) B.V. （ドイツ ミュンヘン市） ※1	テクノロジーソリューション	アウトソーシング設備等	17,998	5,904	5,574	188 (15)	29,664	13,357
Fujitsu Services Holdings PLC （英国 ロンドン市） ※1	テクノロジーソリューション	システム開発設備及びアウトソーシング設備等	19,826	1,853	4,117	−	25,796	9,065
Fujitsu Australia Limited（オーストラリア シドニー市） ※1、※2、※3	テクノロジーソリューション	アウトソーシング設備等	12,904	5,402	880	−	19,186	3,596
Fujitsu Asia Pte. Ltd. （シンガポール）	テクノロジーソリューション	システム開発設備及びアウトソーシング設備等	2,517	5	1,578	−	4,100	5,440
Fujitsu Network Communications, Inc. （米国 テキサス州） ※1、※2	テクノロジーソリューション	光伝送システム製造設備等	532	529	2,189	−	3,250	1,394
Fujitsu North America, Inc （米国 カリフォルニア州） ※2	テクノロジーソリューション	システム開発設備及びアウトソーシング設備等	859	−	317	−	1,176	1,462

（注）1. 帳簿価額の「機械及び装置」には，車両及び運搬具を含みます。

2. 帳簿価額の「合計」には，建設仮勘定は含んでおりません。

3. 帳簿価額には，リース資産の期末帳簿価額を含みます。

なお，上記の主要な設備のうちに含まれる主要なリース資産は以下のとおりです。

会社名及び事業所名(所在地)		設備の内容	帳簿価額 (百万円)
提出会社	Fujitsu Uvance Kawasaki Tower (川崎市幸区)	システム開発設備	19,932
	富士通新川崎テクノロジー スクエア (川崎市幸区)	ネットワーク及びプラ ットフォームの開発・ 検証設備等	9,471
	本社事務所（汐留） (東京都港区)	本社機能	7,234
国内子会社	富士通フロンテック株式会社 (本社：東京都稲城市)	金融・自動機関連機器 等開発・製造設備	6,232
在外子会社	Fujitsu Services Holdings PLC (英国 ロンドン市)	システム開発設備及び アウトソーシング設備 等	18,937
	Fujitsu Technology Solutions (Holding) B.V. （ドイツ ミュンヘン市）	アウトソーシング設備 等	18,649
	Fujitsu Australia Limited (オーストラリア シドニー市)	アウトソーシング設備 等	6,921

4. ※1の会社の数値はその連結子会社を含む数値です。

5. 上記のほか，※2の会社は建物の一部を賃借しております。

6. 上記のほか，※3の会社は土地の一部を賃借しております。

7. 小山工場，川崎工場，沼津工場，明石データセンター及び厚木研究所は土地及び建物の一部を，富士通ソリューションスクエアは建物の一部をそれぞれ当社グループ外へ賃貸しております。

3　設備の新設，除却等の計画

　当社グループの当年度後1年間の設備投資計画（新設・拡充）は1,200億円であり，セグメント毎の内訳は次のとおりです。

セグメントの名称	設備投資計画額 (億円)	設備等の主な内容・目的
テクノロジーソリューション	450	サービス事業の関連設備等
ユビキタスソリューション	-	-
デバイスソリューション	750	電子部品事業の製造設備等
計	1,200	

(注) 1. 所要資金1,200億円は，主として自己資金により充当する予定です。

　　　2. 設備投資計画額は，消費税抜きで表示しております。

提出会社の状況

1 株式等の状況

（1） 株式の総数等 ・・

① 株式の総数

種類	発行可能株式総数（株）
普通株式	500,000,000
計	500,000,000

② 発行済株式

種類	事業年度末現在 発行数（株） （2023年3月31日）	提出日現在 発行数（株） （2023年6月26日）	上場金融商品取引所名又は 登録認可金融商品取引業協会名	内容
普通株式	207,001,821	207,001,821	東京証券取引所　プライム市場 名古屋証券取引所　プレミア市場	単元株式数 100株
計	207,001,821	207,001,821	－	－

経理の状況

1. 連結財務諸表及び財務諸表の作成方法について ································

(1) 当社の連結財務諸表は、「連結財務諸表の用語、様式及び作成方法に関する規則」（昭和51年大蔵省令第28号。以下「連結財務諸表規則」という。）第1条の2第1号及び第2号に掲げる「指定国際会計基準特定会社」の要件を満たすことから、連結財務諸表規則第93条の規定により、国際会計基準（以下、IFRS）に準拠して作成しております。

(2) 当社の財務諸表は、「財務諸表等の用語、様式及び作成方法に関する規則」（昭和38年大蔵省令第59号。以下「財務諸表等規則」という。）に基づいて作成しております。

　なお、当社は、特例財務諸表提出会社に該当し、財務諸表等規則第127条の規定により財務諸表を作成しております。

(注) 当連結会計年度（自 2022年4月1日　至 2023年3月31日）を「当年度」、前連結会計年度を「前年度」と記載しております。

2. 監査証明について ···

　当社は、金融商品取引法第193条の2第1項の規定に基づき、連結会計年度（自 2022年4月1日　至 2023年3月31日）の連結財務諸表及び事業年度（自 2022年4月1日　至 2023年3月31日）の財務諸表について、EY新日本有限責任監査法人による監査を受けております。

3. 連結財務諸表等の適正性を確保するための特段の取組み及びIFRSに基づいて連結財務諸表等を適正に作成することができる体制の整備について ·········

　当社は、連結財務諸表等の適正性を確保するための特段の取組み及びIFRSに基づいて連結財務諸表等を適正に作成することができる体制の整備を行っております。その内容は以下の通りです。

(1) 当社は、会計基準等の内容を適切に把握し、連結財務諸表等を適正に作成できる体制を整備するため、連結財務諸表等の開示業務を担当する専任組織を経理部内に設置し、IFRSに関する十分な知識を有した従業員を配置するとと

もに，会計基準の変更等についての正確な情報を入手するために，公益財団法人財務会計基準機構へ加入し，同機構や他の外部団体が主催する研修会等に参加しております。

(2)　IFRSの適用については，国際会計基準審議会が公表するプレスリリースや基準書を随時入手し，最新の基準の把握を行っております。また，IFRSに基づく適正な連結財務諸表等を作成するため，IFRSに準拠したグループ会計方針等を作成し，それらに基づいて会計処理を行っております。

（1）【連結財務諸表】 ‥‥‥‥‥‥‥‥‥‥‥‥‥‥‥‥‥‥‥‥‥‥‥‥‥‥‥‥‥

① 【連結財政状態計算書】

（単位：百万円）

	注記番号	前年度末 （2022年3月31日）	当年度末 （2023年3月31日）
資産			
流動資産			
現金及び現金同等物	16	484,020	355,901
売上債権	15	878,473	927,849
その他の債権	15	62,327	84,766
契約資産	25	116,357	125,442
棚卸資産	14	309,829	337,008
その他の流動資産		90,823	86,858
流動資産合計		1,941,829	1,917,824
非流動資産			
有形固定資産	8, 27	571,168	572,172
のれん	9, 27	47,487	55,132
無形資産	9, 27	133,856	146,264
持分法で会計処理されている投資	11	166,126	155,594
その他の投資	12	170,105	195,463
退職給付に係る資産	21	139,543	81,883
繰延税金資産	13	99,838	73,310
その他の非流動資産		61,857	67,937
非流動資産合計		1,389,980	1,347,755
資産合計		3,331,809	3,265,579
負債及び資本			
負債			
流動負債			
仕入債務	24	470,237	463,730
その他の債務	24	403,873	367,399
契約負債	25	166,926	194,455
社債、借入金及びリース負債	20, 22	168,766	103,577
未払法人所得税		34,610	85,079
引当金	23	42,851	35,015
その他の流動負債		33,472	27,201
流動負債合計		1,320,735	1,276,456
非流動負債			
借入金及びリース負債	20, 22	116,553	107,598
退職給付に係る負債	21	115,972	95,388
引当金	23	21,416	20,654
繰延税金負債	13	15,305	5,612
その他の非流動負債		26,079	23,048
非流動負債合計		295,325	252,300
負債合計		1,616,060	1,528,756
資本			
資本金	18	324,625	324,625
資本剰余金	18	243,048	242,512
自己株式	18	△128,897	△277,702
利益剰余金	18	1,088,429	1,226,595
その他の資本の構成要素	18	63,508	70,805
親会社の所有者に帰属する持分合計		1,590,713	1,586,835
非支配持分	10	125,036	149,988
資本合計		1,715,749	1,736,823
負債及び資本合計		3,331,809	3,265,579

② 【連結損益計算書及び連結包括利益計算書】

【連結損益計算書】

(単位：百万円)

	注記番号	前年度 (自 2021年4月 1日 至 2022年3月31日)	当年度 (自 2022年4月 1日 至 2023年3月31日)
売上収益	6, 25	3,586,839	3,713,767
売上原価	14	△2,468,188	△2,569,685
売上総利益		1,118,651	1,144,082
販売費及び一般管理費		△852,775	△852,974
その他の収益	7, 26, 27	39,807	85,411
その他の費用	26, 27	△86,482	△40,905
営業利益	6	219,201	335,614
金融収益	29	11,475	15,087
金融費用	29	△4,543	△6,862
持分法による投資利益	7, 11, 26	13,853	28,037
税引前利益		239,986	371,876
法人所得税費用	13	△26,845	△127,011
当期利益		213,141	244,865
当期利益の帰属：			
親会社の所有者		182,691	215,182
非支配持分		30,450	29,683
合計		213,141	244,865
1株当たり当期利益			
基本的1株当たり当期利益（円）	31	924.21	1,107.63
希薄化後1株当たり当期利益（円）	31	922.97	1,105.41

【連結包括利益計算書】

(単位：百万円)

	注記番号	前年度 (自 2021年4月 1日 至 2022年3月31日)	当年度 (自 2022年4月 1日 至 2023年3月31日)
当期利益		213,141	244,865
その他の包括利益			
純損益に振り替えられることのない項目			
その他の包括利益を通じて公正価値で測定する金融資産	18	△294	17,770
確定給付制度の再測定	18, 21	33,001	△41,784
持分法適用会社のその他の包括利益持分	18	△51	122
		32,656	△23,892
純損益にその後に振り替えられる可能性のある項目			
在外営業活動体の換算差額	18	14,721	△2,771
キャッシュ・フロー・ヘッジ	18	△173	412
持分法適用会社のその他の包括利益持分	18	2,749	730
		17,297	△1,629
税引後その他の包括利益		49,953	△25,521
当期包括利益		263,094	219,344
当期包括利益の帰属：			
親会社の所有者		231,311	188,329
非支配持分		31,783	31,015
合計		263,094	219,344

③ 【連結持分変動計算書】

(単位：百万円)

	注記番号	資本金	資本剰余金	自己株式	利益剰余金	その他の資本の構成要素	合計	非支配持分	資本合計
		親会社の所有者に帰属する持分							
前年度期首 (2021年4月1日)		324,625	241,254	△79,495	909,139	54,616	1,450,139	96,766	1,546,905
当期利益		−	−	−	182,691	−	182,691	30,450	213,141
その他の包括利益	18	−	−	−	−	48,620	48,620	1,333	49,953
当期包括利益		−	−	−	182,691	48,620	231,311	31,783	263,094
自己株式の取得	18	−	−	△50,164	−	−	△50,164	−	△50,164
自己株式の処分	18	−	0	0	−	−	0	−	0
株式報酬取引	18, 33	−	683	762	−	−	1,445	−	1,445
剰余金の配当	19	−	−	−	△41,680	−	△41,680	△3,303	△44,983
利益剰余金への振替		−	−	−	39,724	△39,724	−	−	−
その他		−	1,111	−	△1,445	△4	△338	△210	△548
前年度末 (2022年3月31日)		324,625	243,048	△128,897	1,088,429	63,508	1,590,713	125,036	1,715,749
当期利益		−	−	−	215,182	−	215,182	29,683	244,865
その他の包括利益	18	−	−	−	−	△26,853	△26,853	1,332	△25,521
当期包括利益		−	−	−	215,182	△26,853	188,329	31,015	219,344
自己株式の取得	18	−	−	△150,103	−	−	△150,103	−	△150,103
自己株式の処分	18	−	1	2	−	−	3	−	3
株式報酬取引	18, 33	−	1,858	1,296	−	−	3,154	−	3,154
剰余金の配当	19	−	−	−	△45,210	−	△45,210	△4,571	△49,781
利益剰余金への振替		−	−	−	△34,077	34,077	−	−	−
その他		−	△2,395	−	2,271	73	△51	△1,492	△1,543
当年度末 (2023年3月31日)		324,625	242,512	△277,702	1,226,595	70,805	1,586,835	149,988	1,736,823

④ 【連結キャッシュ・フロー計算書】

（単位：百万円）

	注記番号	前年度 （自 2021年4月 1日 至 2022年3月31日）	当年度 （自 2022年4月 1日 至 2023年3月31日）
営業活動によるキャッシュ・フロー			
税引前利益		239,986	371,876
減価償却費、償却費及び減損損失		186,376	179,228
引当金の増減額（△は減少）		△21,207	△8,852
退職給付に係る資産及び負債の増減額		△26,156	△19,034
受取利息及び受取配当金		△3,580	△6,037
支払利息		2,955	3,958
持分法による投資損益（△は益）		△13,853	△28,037
子会社株式売却益		△9,747	△39,158
売上債権の増減額（△は増加）		△8,694	△65,320
契約資産の増減額（△は増加）		△12,621	△8,690
棚卸資産の増減額（△は増加）		△69,201	△51,939
仕入債務の増減額（△は減少）		△7,261	5,659
契約負債の増減額（△は減少）		831	32,798
その他	22	41,245	△92,972
小計		299,073	273,480
利息の受取額		1,049	2,658
配当金の受取額		7,402	7,081
利息の支払額		△2,994	△3,984
法人所得税の支払額		△56,183	△58,906
営業活動によるキャッシュ・フロー		248,347	220,329
投資活動によるキャッシュ・フロー			
有形固定資産及び無形資産の取得による支出		△143,251	△168,098
有形固定資産の売却による収入		11,661	15,580
投資有価証券の売却及び償還による収入		21,343	46,244
投資有価証券の取得による支出		△10,102	△27,624
子会社及び持分法適用会社並びに事業の売却による収支 （△は支出）	22	16,322	88,049
短期投資の純増減額（△は増加）		42,826	8,804
連結の範囲の変更を伴う子会社株式の取得による支出		△5,858	△9,824
その他		7,792	4,060
投資活動によるキャッシュ・フロー		△59,267	△42,809
財務活動によるキャッシュ・フロー			
短期借入金等の純増減額（△は減少）	22	15,668	△25,502
長期借入金及び社債の発行による収入	22	135	2,268
長期借入金の返済及び社債の償還による支出	22	△53,423	△35,298
リース負債の支払額	22	△62,328	△58,566
自己株式の取得による支出	18	△50,164	△150,103
親会社の所有者への配当金の支払額		△41,680	△45,210
その他		△1,893	△1,174
財務活動によるキャッシュ・フロー		△193,685	△313,585
現金及び現金同等物の増減額（△は減少）		△4,605	△136,065
現金及び現金同等物の期首残高		481,833	484,020
現金及び現金同等物の為替変動による影響		6,792	7,946
現金及び現金同等物の期末残高		484,020	355,901

【連結財務諸表注記】

1. 報告企業

　富士通株式会社（以下，当社）は，日本に所在する企業であります。当社の連結財務諸表は，当社及び連結子会社（以下，当社グループ），並びに当社グループの関連会社に対する持分により構成されております。当社グループは，ICT分野において，各種サービスを提供するとともに，これらを支える最先端，高性能，かつ高品質のプロダクト及び電子デバイスの開発，製造，販売から保守運用までを総合的に提供する，トータルソリューションビジネスを行っております。

2. 作成の基礎

（1）国際会計基準に準拠している旨

　当社の連結財務諸表は，「連結財務諸表の用語，様式及び作成方法に関する規則」（昭和51年大蔵省令第28号。以下「連結財務諸表規則」という。）第1条の2第1号及び第2号に掲げる「指定国際会計基準特定会社」の要件を満たすことから，連結財務諸表規則第93条の規定により，国際会計基準（以下，IFRS）に準拠して作成しております。

　当連結財務諸表は2023年6月26日に当社代表取締役社長　時田隆仁及び最高財務責任者（CFO）　磯部武司によって承認されております。

（2）測定の基礎

　連結財務諸表は，連結財政状態計算書における以下の重要な項目を除き，取得原価を基礎として作成されております。

- ・公正価値で測定する金融商品
- ・確定給付負債または資産（確定給付制度債務の現在価値から制度資産の公正価値を控除して測定）

（3）機能通貨及び表示通貨

　連結財務諸表は当社の機能通貨である日本円で表示しております。日本円で表示している財務情報は，原則として百万円未満を四捨五入して表示しております。

3．重要な会計方針 ・・・

連結財務諸表において適用している会計方針は以下のとおりであります。

（1） 連結の基礎 ・・

① 企業結合

企業結合は，支配が当社グループに移転した日である取得日において，取得法を用いて会計処理しております。当社グループは，被取得企業に対するパワー及び被取得企業への関与により生じる変動リターンに対するエクスポージャー又は権利を有し，かつ，被取得企業のリターンに影響を及ぼすようにパワーを用いる能力を有している場合に，被取得企業を支配していると判断しております。支配の評価において，当社グループは現在行使可能な潜在的議決権を考慮しております。

当社グループは取得日時点においてのれんを以下の合計により測定しております。

・移転された対価

・被取得企業の非支配持分

・企業結合が段階的に達成される場合，取得企業において従前に保有していた被取得企業の持分の取得日における公正価値

・取得した識別可能な資産及び引き受けた負債の取得日における正味の金額（控除）

この合計額が負の金額である場合には，割安購入益を純損益で即時に認識しております。

取得関連費用（例：買収先を見つけるための報酬，法務，会計，評価その他の専門的報酬，コンサルティングに関する報酬）は，そのサービスが提供された期間の費用として純損益で認識し，移転された対価には含めておりません。

② 非支配持分

非支配持分の追加取得は，資本取引として会計処理しており，のれんは認識しておりません。子会社に対する当社グループの保有持分の変動で支配の喪失にならないものは，資本取引として会計処理しており，利得又は損失を認識しておりません。

③　**子会社**

　　当社グループにより支配されている企業を子会社として分類しております。子会社の財務諸表は，支配開始日から支配終了日までの間，連結財務諸表に含まれております。

　　子会社の包括利益については，非支配持分が負の残高となる場合であっても，親会社の所有者と非支配持分に帰属させております。

④　**支配の喪失**

　　支配を喪失した場合には，当社グループは，子会社の資産及び負債並びに子会社に関連する非支配持分及びその他の資本の構成要素の認識を中止しております。支配の喪失から生じた利得又は損失は，純損益で認識しております。

　　当社グループが従前の子会社に対する持分を保持する場合には，当該持分は支配喪失日の公正価値で測定します。その後，保持する影響力の水準に応じて，関連会社に対する投資又は公正価値で測定する金融資産として会計処理しております。

⑤　**関連会社及び共同支配企業に対する投資（持分法適用会社）**

　　当社グループがその財務及び経営方針に対して，重要な影響力を有しているものの支配はしていない企業を関連会社として分類しております。当社グループが他の企業の議決権の20％以上を保有する場合，重要な影響力がないことが明確に証明できない限り，当社グループはその企業に対して重要な影響力を有していると考えております。また議決権以外の手段で，企業の取締役会を通じ，財務及び経営方針の決定に関与する権利を有している場合も，重要な影響力を有していると考えております。当社グループが共同支配を行い，契約上の合意によって設立され，その活動に関連する重要な財務及び経営方針の決定に際して支配を共有する当事者（共同支配投資企業）の合意を必要とする企業について，当社グループを含む当事者が共同支配の取決めの純資産に対する権利を有している場合，共同支配企業として分類しております。

　　関連会社及び共同支配企業に対する投資は，取得時に取得原価で認識し，持分法を用いて会計処理しております。

　　投資の取得原価には取引費用が含まれております。

連結財務諸表には，当社グループが持分法適用会社の純損益及びその他の包括利益の変動に対して重要な影響力を有することとなった日又は共同支配を開始した日以降の持分が含まれております。

損失に対する当社グループの持分が持分法適用会社に対する投資を上回った場合には，長期持分を含めたその投資の帳簿価額をゼロまで減額し，当社グループが当該持分法適用会社に代わって債務を負担又は支払いを行う場合を除き，それ以上の損失は認識しておりません。

⑥ **連結上消去される取引**

グループ内の債権債務残高及び取引，並びにグループ内取引によって発生した未実現利益及び損失は，連結財務諸表の作成に際して消去しております。持分法適用会社との取引から発生した未実現利益は，当該持分法適用会社に対する当社グループの持分を上限として投資の帳簿価額から控除しております。未実現損失は，減損が生じている証拠がない場合に限り，未実現利益と同様の方法で控除しております。

(2) 外貨換算 ……………………………………………………………………………

① **外貨建取引**

外貨建取引は，取引日における為替レートでグループ企業の各機能通貨に換算しております。連結会計期間末における外貨建貨幣性資産及び負債は，期末日の為替レートで機能通貨に再換算しております。取得原価に基づいて測定される外貨建非貨幣性項目は，取引日の為替レートで換算しております。

再換算により発生した為替換算差額は純損益で認識しております。ただし，その他の包括利益を通じて公正価値で測定する金融資産に分類された持分証券及びヘッジが有効な範囲内におけるキャッシュ・フロー・ヘッジの再換算により発生した為替換算差額はその他の包括利益で認識しております。

② **在外営業活動体**

在外営業活動体の資産及び負債は，取得により発生したのれん及び公正価値の調整を含め，期末日の為替レートで日本円に換算しております。在外営業活動体の収益及び費用は，期中平均為替レートで日本円に換算しております。

表示通貨への換算から生じる為替換算差額はその他の包括利益で認識し，その他の資本の構成要素に含まれる在外営業活動体の換算差額として表示しております。在外営業活動体を処分し，支配，重要な影響力又は共同支配を喪失する場合には，この在外営業活動体に関連する為替換算差額の累積金額を，処分に係る利得又は損失の一部として純損益に振り替えております。

(3) 金融商品 ....

① 非デリバティブ金融資産

当社グループは，売上債権及びその他の債権をそれらの発生日に当初認識しております。その他のすべての金融資産は，当社グループがそれらの購入又は売却を約定した日に認識しております。

金融資産は，償却原価で測定する金融資産，純損益又はその他の包括利益を通じて公正価値で測定する金融資産に分類しております。なお，この分類は，当初認識時に決定しております。

すべての金融資産は，純損益を通じて公正価値で測定する金融資産に分類される場合を除き，公正価値に取引費用を加算した金額で測定しております。

当社グループは，以下の内容に従い，金融資産の分類及び事後測定をしております。

償却原価で測定する金融資産

金融資産は，以下の2要件を満たす場合には，償却原価で測定する金融資産に分類しております。

・金融資産から生じる契約上のキャッシュ・フローを回収するために当該金融資産を保有していること。

・金融資産から生じるキャッシュ・フローが，契約条件により，元本及び元本残高に対する利息の支払いのみであること。

当初認識後は，実効金利法による償却原価（減損損失控除後）で測定し，償却額は金融収益として純損益で認識しております。

公正価値で測定する金融資産

償却原価で測定する金融資産以外の金融資産は，公正価値で測定する金融資

産に分類しております。公正価値で測定する資本性金融商品については，純損益を通じて公正価値で測定しなければならない売買目的で保有されるものを除き，個々の資本性金融商品ごとに，純損益を通じて公正価値で測定するか，その他の包括利益を通じて公正価値で測定するかを指定し，当該指定を継続的に適用しております。また，償却原価で測定する金融資産の要件を満たさない負債性金融商品については，純損益を通じて公正価値で測定しております。

当初認識後は，期末日における公正価値で測定し，その変動額は金融資産の分類に応じて純損益又はその他の包括利益で認識しております。その他の包括利益を通じて公正価値で測定する金融資産の認識を中止した場合には，過去に認識したその他の包括利益の累計額を利益剰余金に振り替えております。なお，資本性金融商品からの配当金については，金融収益の一部として当期の純損益として認識しております。

当社グループは，金融資産からのキャッシュ・フローに対する契約上の権利が消滅する又は当社グループが金融資産の所有のリスク及び経済価値のほとんどすべてを移転する場合，当該金融資産の認識を中止しております。なお，金融資産の移転に際し，当社グループが新たに創出した権利及び義務については別個の資産及び負債として認識し，当社グループが引き続き保有する持分については，当該資産の認識を継続しております。

② **償却原価で測定する金融資産の減損**

償却原価で測定する金融資産については，期末日時点における予想信用損失に対して貸倒引当金を認識しております。

当社グループは，期末日ごとに各金融資産に係る信用リスクが当初認識時点から著しく増大しているかどうかを評価しており，当初認識時点から信用リスクが著しく増大していない場合には，過去の実績や信用格付けを基礎として，12ヶ月の予想信用損失を貸倒引当金として認識しております。一方で，当初認識時点から信用リスクが著しく増大している場合には，全期間の予想信用損失と等しい金額を貸倒引当金として認識しております。

ただし，重大な金融要素を含んでいない売上債権及び契約資産については，

信用リスクが当初認識時点から著しく増大しているかどうかにかかわらず，常に全期間の予想信用損失と等しい金額で貸倒引当金を認識しております。

予想信用損失は，契約に従って支払われるべきすべての契約上のキャッシュ・フローと，当社グループが受け取ると見込んでいるすべてのキャッシュ・フローとの差額の現在価値として測定しております。

当社グループは，金融資産の予想信用損失を，以下のものを反映する方法により見積もっております。

・一定範囲の生じ得る結果を評価することにより算定される，偏りのない確率加重金額
・貨幣の時間価値
・過去の事象，現在の状況及び将来の経済状況の予測についての，報告日において過大なコストや労力を掛けずに利用可能な合理的で裏付け可能な情報

また，債務者の重大な財政状態の悪化，債務不履行による契約違反等，見積将来キャッシュ・フローに不利な影響を与える事象が発生した場合には，信用減損が生じているものと判断しております。

金融資産の全体又は一部について回収ができず，又は回収が極めて困難であると判断された場合には債務不履行とみなしております。また，回収の合理的な見込みがないものと判断される場合には，当該金融資産の全体又は一部の帳簿価額を直接償却しております。

金融資産に係る貸倒引当金の繰入額は，純損益で認識しております。貸倒引当金を減額する事象が生じた場合は，貸倒引当金戻入額を純損益で認識しております。

③ **非デリバティブ金融負債**

当社グループが発行した負債証券はその発行日に当初認識しております。負債証券以外の活発な市場での公表価格がない借入金，仕入債務及びその他の債務は当該金融商品の契約条項の当事者となった日に当初認識しております。

これらの金融負債は，償却原価で測定する金融負債に分類され，当初認識時において公正価値から直接取引費用を控除して測定しております。当初認識後

は，実効金利法による償却原価で測定し，償却額は金融費用として純損益で認識しております。

　当社グループは，契約上の義務が免責，取消又は失効となった時点で金融負債の認識を中止しております。

④　**金融資産及び金融負債の表示**

　金融資産及び金融負債は，当社グループが残高を相殺する法的権利を有しており，かつ純額で決済するか，又は資産の回収と負債の決済を同時に行う意図を有する場合にのみ，連結財政状態計算書上で相殺し，純額で表示しております。

⑤　**デリバティブ金融商品**

　当社グループは，為替及び支払金利の変動リスクに対するヘッジを目的としたデリバティブ取引を行っております。デリバティブは当初認識時に公正価値で測定し，その後も公正価値で再測定しております。

ヘッジ会計を適用しないデリバティブ

　デリバティブをヘッジ会計の要件を満たすものとして指定していない場合には，当該デリバティブの公正価値の変動は，純損益で認識しております。

ヘッジ会計を適用するデリバティブ

　当社グループは，ヘッジの開始時点において，ヘッジ関係並びにヘッジの実施についてのリスク管理目的及び戦略を文書化しております。また，ヘッジの有効性は継続的に評価しており，ヘッジ対象とヘッジ手段との間に経済的関係があること，信用リスクの影響がヘッジの効果を超過するものではないこと，並びにヘッジ比率が実際にヘッジに用いているヘッジ対象とヘッジ手段の量から計算した比率と同じであることのすべてを満たす場合に有効と判定しております。

キャッシュ・フロー・ヘッジ

　デリバティブの公正価値の変動のうちヘッジ有効部分は，その他の包括利益で認識し，その他の資本の構成要素であるキャッシュ・フロー・ヘッジとして表示しております。デリバティブの公正価値の変動のうちヘッジ非有効部分は，純損益で認識しております。

　ヘッジ対象が非金融資産である場合，その他の資本の構成要素に累積されていた金額は，当該資産が認識された時点で当該資産の帳簿価額に含めておりま

す。ヘッジ対象が非金融資産でない場合，その他の資本の構成要素に累積されていた金額は，ヘッジ対象が純損益に影響を与えた期間に純損益に振り替えております。デリバティブがヘッジ会計の要件を満たさなくなった場合，又は消滅，売却，終了もしくは行使された場合には，ヘッジ会計の適用を将来に向けて中止しております。

(4) 有形固定資産（使用権資産を除く）･･････････････････････････････････････

① 認識及び測定

有形固定資産は，取得原価から減価償却累計額及び減損損失累計額を控除した額で測定しております。

取得原価には資産の取得に関連する以下の費用が含まれております。

・資産の製造により直接生じる従業員給付及び据付，組立等の費用

・資産の撤去及び除去の義務を負う場合，その解体及び除去費用の見積り

・資産計上された借入費用

有形固定資産の構成要素の耐用年数が構成要素ごとに異なる場合は，それぞれ別個（主要構成要素）の有形固定資産項目として会計処理をしております。

有形固定資産の処分損益（処分により受け取る金額の純額と有形固定資産の帳簿価額との差額として算定）は純損益で認識しております。

② 取得後の支出

取得後の支出は，その支出に関連する将来の経済的便益が当社グループにもたらされることが予想される場合にのみ資産計上しております。修繕又は維持費は，発生時に純損益で認識しております。

③ 減価償却

有形固定資産項目は，償却可能額（取得原価から残存価額を控除した金額）を規則的にその耐用年数にわたって減価償却しております。当社グループは，資産から得ることができる将来の経済的便益の消費パターン（収益と費用のより適切な対応）を反映した方法として主として定額法を適用しております。

有形固定資産項目の減価償却は，資産の稼動が可能になった時より開始し，資産が消滅（減却もしくは売却）又は売却目的で保有する資産に分類された日

のいずれか早い日に終了します。

・建物及び構築物　　　　7年～50年
・機械及び装置　　　　　3年～7年
・工具，器具及び備品　　2年～10年
　減価償却方法，耐用年数及び残存価額は，必要に応じて見直しております。

(5)　のれん

当初認識時における測定については，(1)①「企業結合」に記載しております。
当初認識後の測定

当初認識の後，企業結合で取得したのれんは取得原価から減損損失累計額を控除した金額で測定しております。持分法適用会社に関しては，のれんが投資の帳簿価額に含まれるため，投資全体の帳簿価額と回収可能価額を比較することにより単一の資産として減損テストを行っております。減損損失は持分法適用会社の資産（のれんを含む）には配分しておりません。

(6)　無形資産（使用権資産を除く）

①　研究開発費

研究とは，新規の科学的又は技術的な知識及び理解を得る目的で実施される基礎的及び計画的調査をいいます。研究から生じた支出は無形資産に認識せず，発生時に費用として純損益で認識しております。

開発とは，事業上の生産又は使用の開始される前に研究成果又は他の知識を新規又は大幅に改良された原材料，装置，生産物，工程，システムなどを作り出すための計画又は設計に応用することであります。

開発活動には，新規もしくは大幅に改良された製品又は工程を生み出すための計画もしくは設計が含まれております。開発費用は，主として発生時に費用として計上しておりますが，信頼性をもって測定可能であり，製品又は工程が技術的及び商業的に実現可能であり，将来の経済的便益を得られる可能性が高く，当社グループが開発を完成させ，その資産を使用又は販売する意図並びにそのための資源及び能力を有している場合には資産化しております。資産化さ

れる費用には，材料費，従業員給付費用等，その資産の生成，製造及び準備に直接起因する費用が含まれております。

　資産計上した開発費用は，取得原価から償却累計額及び減損損失累計額を控除した価額により測定しております。

② ソフトウェア及びその他の無形資産

　当社グループは，市場販売目的のソフトウェア及び自社利用のソフトウェアを開発しております。当該開発費用は，①の資産化の要件を満たした場合は無形資産に計上しております。ソフトウェアの取得原価には，創出から生じる従業員給付費用並びに創出する上で使用又は消費した材料及びサービスに関する費用が含まれております。また，個別に取得されたその他の無形資産の対価は，通常将来経済的便益を得られる可能性が高いため，無形資産に計上しております。その他の無形資産は，取得原価から償却累計額及び減損損失累計額を控除した金額で測定しております。

③ 償却

　市場販売目的のソフトウェアについては，見込有効期間における見込販売数量に基づいて償却しております。自社利用のソフトウェアやその他の無形資産のうち，耐用年数を確定できるものは，資産の将来の経済的便益が消費されると予測されるパターンを耐用年数に反映し，その耐用年数にわたって原則として定額法にて償却しております。企業結合で取得したのれんは償却しておりません。

　見積耐用年数は以下のとおりであります。

・市場販売目的のソフトウェア　　3年
・自社利用のソフトウェア　　　　5年以内

　償却方法，耐用年数及び残存価額は，必要に応じて見直しております。

(7) リース ……………………………………………………………………

① 認識及び測定

　当社グループは，契約時に，当該契約がリース又はリースを含んだものであるのかどうかを判定しております。当社グループが，使用期間全体を通じて，特定された資産の使用からの経済的便益のほとんどすべてを得る権利と特定さ

財務諸表

　この項目では，連結ではなく単体の貸借対照表と，損益計算書の内訳を確認することができる。連結＝単体＋子会社なので，会社によっては単体の業績を調べて連結全体の業績予想のヒントにする場合があるが，あまりその必要性がある企業は多くない。

れた資産の使用を指図する権利の両方を有している場合，当該契約はリースであるか又はリースを含んでいると判断しております。

　リース期間は，解約不能なリース期間に，リース契約を延長又は解約するオプションの対象期間を加えた期間としております。当該オプションの対象期間は，当社グループが延長オプションを行使すること又は解約オプションを行使しないことが合理的に確実である場合にのみ，解約不能期間に加えております。

　当社グループは，リース開始日において，リース契約に係る使用権資産及びリース負債を認識しております。使用権資産は，当社グループがリースの対象となる資産をリース期間にわたり使用する権利を表す資産であります。使用権資産は，リース負債の当初測定金額に，リース開始日以前に支払ったリース料を加え，受け取ったリース・インセンティブを控除し，発生した当初直接コスト及びリースの契約条件で要求されている資産の解体及び除去，資産の敷地の原状回復又は資産の原状回復の際に生じるコストの見積りを加算して算定しております。リース負債は，リース開始日における未払リース料の現在価値で測定しております。現在価値の測定にあたっては，通常，当社グループの追加借入利子率を使用しております。

② 減価償却

　使用権資産は，主にリース期間にわたって定額法で減価償却しております。資産の所有権がリース期間の終了時までに当社グループに移転する場合，又は使用権資産の取得原価が購入オプションを当社グループが行使するであろうことを反映している場合には，耐用年数にわたって定額法で減価償却しております。

③ リース負債の見直し

　リース契約の更新などリース期間に変更があった場合，変更後のリース期間に基づいてリース負債を再測定し，当該再測定による変動額を使用権資産の修正として認識しております。

(8) 棚卸資産 ……………………………………………………………………

　棚卸資産は取得原価で測定しておりますが，正味実現可能価額が取得原価より下落している場合には，正味実現可能価額で測定し，取得原価との差額を原則と

して売上原価に認識しております。

棚卸資産の取得原価には，購入原価，加工費のほか当該棚卸資産が現在の場所及び状態に至るまでに発生した原価を含めており，代替性がある場合は移動平均法又は総平均法によって測定し，代替性がない場合は個別法により測定しております。

正味実現可能価額は，通常の事業の過程における予想売価から完成までに要する見積追加製造原価及び見積販売直接経費を控除して算定しております。長期に滞留する棚卸資産及び役務の提供が長期にわたる有償保守サービス用棚卸資産については，将来の需要や市場動向を反映した正味実現可能価額としております。

(9) 現金及び現金同等物

現金及び現金同等物は，現金，随時引出し可能な預金及び容易に換金可能であり，かつ，公正価値の変動について僅少なリスクしか負わない取得日から3ヶ月以内に償還期限の到来する短期投資から構成されております。なお，連結キャッシュ・フロー計算書上の現金及び現金同等物の期末残高は，上記から流動負債の「社債，借入金及びリース負債」に含まれる当座借越を控除しております。

(10) 非金融資産の減損

棚卸資産及び繰延税金資産を除く非金融資産については，減損の兆候が存在する場合に，その資産の回収可能価額を見積もり，減損テストを行っております。のれん及び耐用年数を確定できない無形資産は，減損の兆候が存在する場合のほか，年次で減損テストを行っております。減損損失は，資産又は資金生成単位（CGU）の回収可能価額が帳簿価額を下回った場合に認識しております。

資産又はCGUの回収可能価額は，使用価値と売却費用控除後の公正価値のうちいずれか大きいほうの金額としております。使用価値の算定において，見積将来キャッシュ・フローは，貨幣の時間的価値及びその資産又はCGUが属する事業固有のリスクを反映した税引前の割引率を用いて現在価値に割り引いております。減損テストにおいて，資産は，継続的な使用により他の資産又はCGUのキャッシュ・インフローから，概ね独立したキャッシュ・インフローを生み出す最小の資産又はCGUに統合しております。のれんは，内部報告目的で管理される最小

の単位を反映して減損がテストされるようにCGUに統合しております。企業結合により取得したのれんは，結合のシナジーが得られると期待されるCGUに配分しております。

減損損失は純損益で認識しております。CGUに関連して認識した減損損失は，まずそのCGU（又はCGUグループ）に配分されたのれんの帳簿価額を減額するように配分し，次に回収可能価額が帳簿価額を下回るCGU（又はCGUグループ）内のその他の資産の帳簿価額を比例的に減額しております。

のれんに関連する減損損失は戻し入れておりません。その他の資産に関連する減損損失は，減損損失を認識しなかった場合の帳簿価額から必要な減価償却費又は償却費を控除した後の帳簿価額を越えない金額を上限として戻し入れております。

（11）　売却目的で保有する資産

非流動資産（又は処分グループ）の帳簿価額が継続的使用ではなく主に売却取引により回収される場合，当該非流動資産（又は処分グループ）を売却目的保有に分類しております。具体的には，非流動資産（又は処分グループ）が，通常又は慣例的な条件のみに従って現状で直ちに売却することが可能であり，その売却の可能性が非常に高く，経営者が当該資産の売却計画の実行をコミットしており，1年内に売却が完了する見込である場合に，売却目的保有に分類しております。売却目的保有に分類された非流動資産（又は処分グループ）は，帳簿価額と売却費用控除後の公正価値のいずれか低い金額で測定され，売却目的保有へ分類した後は，減価償却を行っておりません。非流動資産（又は処分グループ）の当初又はその後に行う売却費用控除後の公正価値までの評価減について減損損失を純損益で認識しております。売却費用控除後の公正価値がその後において増加した場合は評価益を純損益で認識しております。ただし，過去に認識した減損損失累計額を超えない金額を上限としております。

（12）　従業員給付

①　退職給付制度

確定給付型退職給付制度

確定給付型退職給付制度に関連する当社グループの確定給付負債（資産）の純額は，確定給付制度債務の現在価値から制度資産の公正価値を控除した金額で測定しております。確定給付制度債務は，制度ごとに区別して，従業員が過年度及び当連結会計期間において提供したサービスの対価として獲得した将来給付額を見積もり，その金額を現在価値に割り引くことによって算定しております。この計算は，連結会計期間ごとに，保険数理人が予測単位積増方式を用いて行っております。割引率は，当社グループの従業員に対する退職給付の支払見込期間と概ね同じ満期日を有するもので，かつ支払見込給付と同じ通貨建の，優良社債の連結会計期間末における市場利回りにより決定しております。

当社グループは，予測単位積増方式を用いて，保険数理計算上の評価により勤務費用を決定し，純損益で認識しております。確定給付負債（資産）の純額に係る利息純額は，確定給付負債（資産）の純額に割引率を乗じた金額で測定し，同様に純損益で認識しております。確定給付型退職給付制度の変更があった場合，退職給付制度の縮小及び清算に伴い生じた利得又は損失は，原則として縮小又は清算した時点で，過去勤務費用及び清算損益として純損益で認識しております。

当社グループは，確定給付負債（資産）の純額（数理計算上の差異等）は，再測定した時点で，税効果を調整した上でその他の包括利益で認識し，その他の資本の構成要素から直ちに利益剰余金に振り替えております。

確定拠出型退職給付制度

確定拠出型退職給付制度は，雇用主が一定額の掛金を他の独立した企業に拠出し，その拠出額以上の支払いについて法的又は推定的債務を負わない退職後給付制度であります。確定拠出型退職給付制度の拠出額は，従業員がサービスを提供した期間に，人件費として純損益で認識しております。なお，当社グループのリスク分担型企業年金は，追加掛金の拠出義務を実質的に負っていないため，確定拠出制度に分類しております。

② **解雇給付**

解雇給付は，当社グループが，早期退職優遇制度等の実施に伴い，通常の退職日前に雇用を終了させることで退職手当を支給することを詳細な公式計画として公表し，現実的にそれを撤回する可能性がなくなった時点で人件費として

純損益で認識しております。

③ **短期従業員給付**

　短期従業員給付については，割引計算は行わず，サービスが提供された時点で人件費として純損益で認識しております。賞与については，従業員による勤務の提供に応じて，当社グループの制度に基づいて支払われると見積もられる額を負債に計上しております。

(13) 引当金 ···

　引当金は，過去の事象の結果として当社グループが法的又は推定的債務を負っており，当該債務を決済するために経済的資源の流出が生じる可能性が高く，かつその債務の金額を合理的に見積もることができる場合に認識しております。引当金は，見積将来キャッシュ・フローを貨幣の時間的価値及び当該債務に特有のリスクを反映した税引前の利率を用いて現在価値に割り引いております。

① **事業構造改善引当金**

　事業構造改善のための人員の適正化及び事業整理等に伴う損失見込額を，当社グループが詳細な公式計画を有しており，かつ，当該計画の実施を開始した時点，又は影響を受ける関係者に対し当該計画の主要な特徴を公表した時点で計上しております。

② **製品保証引当金**

　当社グループが販売する製品には，契約に基づき一定期間無償での修理又は交換の義務を負うものがあり，過去の実績を基礎として算出した修理又は交換費用の見積額を製品を販売した時点で計上しております。

③ **受注損失引当金**

　前年度において記載しておりました「工事契約等損失引当金」は，より適切な表示とするため，当年度より「受注損失引当金」に名称を変更しております。

　一括請負などの成果物の引渡し義務を負うサービス契約のうち，見積総原価が見積総収益を超過する可能性が高いものについて，損失見込額を計上しております。

④ **資産除去債務**

法令又は契約に基づき，主に賃借建物の原状回復義務に係る費用の見積額を賃貸借契約を締結した時点で計上しております。

（14）　資本

普通株式

　普通株式は資本として分類しております。普通株式の発行に直接関連する費用は，税効果考慮後の金額を資本剰余金の控除項目として認識しております。

自己株式

　自己株式を取得した場合は，直接取引費用を含む税効果考慮後の支払対価を，資本の控除項目として認識しております。自己株式を後に売却又は再発行した場合，受取対価を資本の増加として認識しております。この取引により生じた剰余金又は欠損金は，資本剰余金として表示しております。

（15）　株式報酬

　持分決済型の株式報酬制度において受領したサービスの対価は，付与日における当社株式の公正価値を参照して測定し，付与日から権利確定期間にわたり費用として認識し，同額を資本剰余金の増加として認識しております。

（16）　売上収益

①　サービスに関する売上収益

　サービスの提供は，通常，(a) 当社グループの履行によって提供される便益をその履行につれて顧客が同時に受け取って消費する，(b) 当社グループの履行が資産を創出するか又は増価させその創出又は増価につれて顧客が当該資産を支配する，又は，(c) 当社グループの履行が他に転用できる資産を創出せず，当社グループが現在までに完了した履行に対する支払を受ける強制可能な権利を有している場合のいずれかに該当するため，一定の期間にわたり充足される履行義務であります。サービスの売上収益は，履行義務の完全な充足に向けた進捗度を合理的に測定できる場合は進捗度の測定に基づいて，進捗度を合理的に測定できない場合は履行義務の結果を合理的に測定できるようになるまで発

生したコストの範囲で，認識しております。

　一括請負などの成果物の引渡し義務を負うサービス契約（システムインテグレーション等）では，契約の履行において，当社グループでコストが発生し，作業が進捗していくことに伴い，当該顧客のためのオーダーメイドなサービスが完成に近づき，顧客が使用できる状態に近づいていくため，原則としてプロジェクト見積総原価に対する連結会計期間末までの発生原価の割合で進捗度を測定する方法に基づいて売上収益を認識しております。ただし，契約開始時に当社が履行する義務に関してマイルストーンが定められている場合は，当該マイルストーンの達成に基づいて売上収益を認識しております。

　継続して役務の提供を行うサービス契約（アウトソーシングサービス，保守サービス等）は，顧客の要求に応じたサービスを契約期間にわたって提供しております。顧客の要求に迅速に対応するため常に役務が提供できる状態で待機しておく必要があることから役務の提供は待機状態も含めた一定の期間にわたって行われているため，サービスが提供される期間に対する提供済期間の割合で進捗度を測定する方法に基づいて売上収益を認識しております。また，アウトソーシングサービス，保守サービス等のうち単位あたりで課金するサービス契約では，サービスの提供が完了し，請求可能となった時点で，売上収益を認識しております。

　なお，契約当初に見積もった売上収益，進捗度又は発生原価に変更が生じた場合は，見積りの変更による累積影響額を，当該変更が明らかとなり見積り可能となった連結会計期間に純損益で認識しております。

② ハードウェア・プロダクトに関する売上収益

　ハードウェア・プロダクトを単体で提供する場合は，通常，履行義務が一定の期間にわたり充足されるものでないため，一時点で充足される履行義務であり，その支配を顧客に移転した時点で，取引価格のうち履行義務に配分した額を売上収益として認識しております。支配が顧客へ移転した時点を決定するにあたり，(a) 資産に対する支払を受ける権利を有している，(b) 顧客が資産に対する法的所有権を有している，(c) 資産の物理的占有を移転した，(d) 顧客が資産の所有に伴う重大なリスクと経済価値を有している，(e) 顧客が資産を

検収しているか否かを考慮しております。

　サーバ，ネットワークプロダクトなど，据付等の重要なサービスを要するハードウェアの販売による売上収益は，原則として，顧客の検収時に認識しております。

　パソコン，電子デバイス製品などの標準的なハードウェアの販売による売上収益は，原則として，当該ハードウェアに対する支配が顧客に移転する引渡時に認識しております。

　一方，ハードの受託製造・製造請負において，当社グループの履行が他に転用できる資産を創出せず，当社グループが現在までに完了した履行に対する支払を受ける強制可能な権利を有している場合には，履行義務の充足を忠実に描写するような方法を用いて進捗度の測定に応じて売上収益を認識しております。

　当社グループは，様々なチャネルの顧客に対して，ボリュームディスカウントや販売インセンティブ（販売奨励金）を含む様々なマーケティングプログラムを提供しております。これら顧客に支払われる対価が事後的に変動する可能性がある場合には，変動する対価を見積もり，その不確実性が解消される際に重大な売上収益の戻入れが起こらない可能性が非常に高い範囲で，売上収益に含めて処理しております。変動対価の見積りにあたっては，期待値法か最頻値法のいずれかのうち，権利を得ることとなる対価の金額をより適切に予測できる方法を用いております。

③　**ライセンスに関する収益**

　ライセンスの提供は，（a）顧客が権利を有する知的財産に著しく影響を与える活動を行うことを契約が要求しているか又は顧客が合理的に期待している，（b）ライセンスによって供与される権利により，当社グループの活動の正又は負の影響に顧客が直接的に晒される，（c）そうした活動の結果，当該活動が生じるにつれて顧客に財又はサービスが移転することがない，という要件をすべて満たす場合には，知的財産にアクセスする権利（アクセス権）として一定期間にわたり売上収益を認識し，いずれかを満たさない場合には，知的財産を使用する権利（使用権）として一時点で売上収益を認識しております。

　当社グループにおける主なライセンスであるソフトウェアについては，通常，供与後に当社が知的財産の形態又は機能性を変化させる活動又はライセンス期

間にわたって知的財産の価値を維持するための活動を実施する義務を負わず，上記のいずれの要件も満たさないため，使用権として一時点で売上収益を認識しております。

　ソフトウェアがクラウド・サービス上で提供される場合には，通常，それらを単一の履行義務として，クラウド・サービスの売上収益と同じ時期で売上収益を認識しております。

　ソフトウェアをソフトウェア・サポートと合わせて販売している場合には，通常，それぞれ別個の履行義務として，ソフトウェアにかかる売上収益とソフトウェア・サポートにかかる売上収益は別個に認識しております。ただし，ソフトウェア・サポートが提供されない限り当該ソフトウェアの便益を顧客が享受することができない場合には，例外的に単一の履行義務として，ソフトウェア・サポートの売上収益と同じ時期で売上収益を認識しております。

　単品で販売しているソフトウェアのアップグレード権については，通常，ソフトウェアと当該アップグレード権を別個の履行義務として，当該アップグレード権を提供した時点で売上収益を認識しております。一方，ソフトウェアのアップグレード権がソフトウェア・サポートと統合された形で提供されている場合には，それらを単一の履行義務として，サービスの収益認識と同じ時期で売上収益を認識しております。

④　**複合取引**

　複合取引とは，ハードウェア販売とその付帯サービス，あるいはソフトウェア販売とその後のサポートサービスなどのように複数の財又はサービスが一つの契約に含まれるものであります。

　顧客に約束している財又はサービスは，顧客がその財又はサービスからの便益をそれ単独で又は顧客にとって容易に利用可能な他の資源と組み合わせて得ることができる（すなわち，当該財又はサービスが別個のものとなり得る）場合，かつ，財又はサービスを顧客に移転するという企業の約束が契約の中の他の約束と区分して識別可能である

　（すなわち，当該財又はサービスが契約の観点において別個のものである）場合には，別個の履行義務として識別しております。

取引価格を複合取引におけるそれぞれの履行義務に独立販売価格の比率で配分するため，契約におけるそれぞれの履行義務の基礎となる別個の財又はサービスの契約開始時に独立販売価格を算定し，取引価格を当該独立販売価格に比例して配分しております。独立販売価格が直接的に観察可能ではない場合には，複合取引におけるそれぞれの履行義務について予想コストとマージンの積算等に基づき独立販売価格を見積もり，取引価格を配分しております。

⑤　**代理人取引**

当社グループが財又はサービスの仕入及び販売に関して，それらを顧客に移転する前に支配していない場合，すなわち，顧客に代わって調達の手配を代理人として行う取引については，手数料を売上収益として認識しております。

当社グループが当該財又はサービスを顧客に提供する前に支配しているか否かの判断にあたっては，(a) 当該財又はサービスを提供するという約束の履行に対する主たる責任を有している，(b) 当該財又はサービスが顧客に移転される前，又は支配が顧客へ移転した後に在庫リスクを有している，(c) 当該財又はサービスの価格の設定において裁量権があるか否かを考慮しております。

⑥　**契約コスト**

契約獲得の増分コストのうち，回収可能であると見込まれる部分について資産として認識しております。契約獲得の増分コストとは，顧客との契約を獲得するために発生し，当該契約を獲得しなければ発生しなかったであろうものです。

契約を履行するためのコストが，他の会計方針の範囲に含まれず，契約又は具体的に特定できる予想される契約に直接関連しており，当該コストが将来において履行義務の充足（又は継続的な充足）に使用される資源を創出するか又は増価し，かつ，当該コストの回収が見込まれている場合，当該コストを資産として認識しております。

契約獲得の増分コスト又は契約を履行するためのコストから認識した資産については契約期間にわたって均等に償却しております。

⑦　**契約資産及び契約負債**

契約資産は顧客に移転した財又はサービスと交換に受け取る対価に対する権利のうち，時の経過以外の条件付きの権利であります。契約負債は財又はサー

ビスを顧客に移転する前に，顧客から対価を受け取っている又は対価の支払期限が到来しているものであります。

⑧ 契約における重大な金融要素

　　長期の前払い，後払い等，ある取引が実質的に重大な金融要素（資金提供の重大な便益が提供されている）を含む場合，売上収益は実効金利を用いて現在価値で測定しております。ただし，契約開始時点で財又はサービスを顧客に移転する時点と，顧客が支払いを行う時点との間が1年以内であると見込まれる場合，重大な金融要素の影響について対価の調整は実施しておりません。

⑨ オペレーティング・リース

　　オペレーティング・リース契約により，顧客が製品を使用することにより生じる売上収益は，リース期間にわたって均等に認識しております。

（17）　金融収益及び金融費用 ···

　　金融収益は，配当収入，利息収入，為替差益，純損益を通じて公正価値で測定する金融資産の公正価値の変動，ヘッジ金融商品にかかる純損益で認識された利得並びにその他の包括利益で従前に認識した金額の振替から構成されております。利息収入は，実効金利法により発生時に認識しております。配当収入は，通常当社グループの受領権が確定した日に認識しております。

　　金融費用は，社債，借入金及びリース負債に係る利息費用，為替差損，純損益を通じて公正価値で測定する金融資産の公正価値の変動，ヘッジ金融商品にかかる純損益で認識された損失並びにその他の包括利益で従前に認識された金額の振替から構成されております。適格資産の取得，建設又は生産に直接起因しない借入費用は，実効金利法により発生時に認識しております。リースにおける最低リース料総額は，金融費用と負債残高の未返済部分に配分しており，金融費用は，未返済債務残高に対して一定の利子率となるようにリース期間にわたって配分しております。

（18）　法人所得税 ···

　　法人所得税費用は，当期税金費用と繰延税金費用から構成されております。こ

れらは，企業結合から生ずるもの及び直接資本又はその他の包括利益で認識される項目を除き，純損益で認識しております。

当期税金費用は，連結会計期間末において施行されている又は実質的に施行されている税率及び税法を使用して算定した連結会計期間の課税所得に係る納税見込み額に，過年度の納税調整額を加えたものであります。

繰延税金資産及び負債は，資産及び負債の会計上の帳簿価額と税務上の金額との一時差異及び未使用の税務上の繰越欠損金，税額控除について認識しております。企業結合以外の取引で，かつ，会計上又は税務上のいずれの純損益にも影響を及ぼさない取引における資産又は負債の当初認識に係る一時差異，親会社が解消する時期をコントロールすることができ，かつ，予測可能な期間内に解消されない可能性が高い子会社及び関連会社に対する投資に関連する一時差異並びにのれんの当初認識において生じる加算一時差異については繰延税金資産及び負債を認識しておりません。

繰延税金資産及び負債は，連結会計期間末までに施行又は実質的に施行される法律に基づいて，当該資産が実現される又は負債が決済される期間に適用されると予測される税率を用いて測定しております。

繰延税金資産及び負債は，当社グループが当期税金資産及び負債を相殺する法律上強制力のある権利を有しており，かつ，法人所得税が同一の税務当局によって同一の納税主体に課されている場合に相殺しております。

繰延税金資産は，未使用の税務上の繰越欠損金，税額控除及び将来減算一時差異のうち，将来課税所得に対して利用できる可能性が高いものに限り認識しております。一部又は全部の繰延税金資産の便益を実現させるだけの十分な課税所得を稼得する可能性が高くない場合は，繰延税金資産の計上額を減額しております。繰延税金負債は，原則としてすべての将来加算一時差異に対して認識しております。

(19) 非継続事業 ···

当社グループは，独立した事業が既に処分されたか又は売却目的保有に分類される要件を満たした時点で，当該事業を非継続事業に分類しております。事業を非継続事業に分類した場合は，当該事業が比較対象期間の開始日から非継続事業

に分類されていたものとして連結損益計算書を再表示しております。

4. 重要な会計上の見積り及び見積りを伴う判断 ·······························

　IFRSに準拠した連結財務諸表の作成において，経営陣は，会計方針の適用並びに資産，負債，収益及び費用に影響を与える判断，見積り及び仮定を必要としておりますが，実際の結果と異なる場合があります。

　見積り及びその基礎となる仮定は継続して見直されます。会計上の見積りの見直しによる影響は，その見積りを見直した連結会計期間及び影響を受ける将来の連結会計期間において認識されます。

　のれん及び有形固定資産，無形資産の減損や繰延税金資産の回収可能性の判断などを行うにあたっては，売上収益等の将来の不確実性を反映した事業計画を策定しています。なお，新型コロナウイルス感染症については新たな変異株の出現など，収束の時期は依然として不透明な状況にあり，当社グループの経営成績等に対しては，一部の国・地域や事業において影響が継続する可能性がありますが，業績への重要な影響はないと考えています。

　当連結財務諸表の金額に重要な影響を与える見積り及び判断は以下のとおりであります。

(1) 収益認識 ··

　一括請負などの成果物の引渡し義務を負うサービス契約の売上収益及び売上原価は，その取引の成果について信頼性をもった見積りを行った上で，その進捗度に応じて認識しております。契約資産は，主に当該売上収益にかかる未請求売掛金であり，顧客の検収時に売上債権へ振替えられます。

　当社グループは，原則としてプロジェクト見積総原価に対する連結会計期間末までの発生原価の割合で進捗度を測定する方法を適用しております。見積総原価は，プロジェクトごとの仕様や作業期間等に基づき見積もっております。収益及び費用は，プロジェクト総収益及び総原価の見積り並びに進捗度の測定結果に依存しているため，追加コストの発生等により，計上額が変動する可能性があります。

　契約資産の帳簿価額については「連結財政状態計算書」をご参照ください。

(2) 有形固定資産 ···

　有形固定資産の減価償却費は，事業ごとの実態に応じた回収期間を反映した見積耐用年数に基づき，主として定額法で算定しております。事業環境の急激な変化に伴う生産設備の遊休化や稼働率低下のほか，事業再編等により，保有資産から得られる将来キャッシュ・フロー見込額が減少した場合には，減損損失が発生する可能性があります。

　有形固定資産の帳簿価額については「連結財務諸表注記　8. 有形固定資産」を，減損損失に関連する内容については「連結財務諸表注記　27. 非金融資産の減損」をご参照ください。

(3)　のれん ··

　のれんは，年次で，また，減損の兆候がある場合はその都度，減損テストを行っております。のれんが配分された資金生成単位（CGU）の回収可能価額が帳簿価額を下回った場合に，減損損失を認識しております。

　回収可能価額は主に使用価値により算定しております。使用価値の見積りにおける重要な仮定は，経営者によって承認された中期経営計画（主に3ヶ年）における将来キャッシュ・フローの見積り，その後の期間の将来の不確実性を考慮した長期平均成長率及び割引率であり，割引率は加重平均資本コストを基礎として算定しております。これらの仮定は経営者の最善の見積りと判断により決定しておりますが，将来の事業環境の変化等の影響により見直しが必要となった場合，減損損失が発生する可能性があります。

　のれんの帳簿価額については「連結財務諸表注記　9. のれん及び無形資産」を，減損テストに関連する内容については「連結財務諸表注記　27. 非金融資産の減損」をご参照ください。

(4)　無形資産 ··

　市場販売目的のソフトウェアについては，見込有効期間における見込販売数量に基づいて償却しております。自社利用のソフトウェアは，資産の将来の経済的便益が消費されると予測されるパターンを耐用年数に反映した定額法にて償却し

ております。事業環境の変化により，販売数量が当初販売計画を下回る等，保有資産から得られる将来キャッシュ・フロー見込額が減少した場合には，減損損失が発生する可能性があり，利用可能期間の見直しの結果，耐用年数を短縮させる場合には，連結会計期間あたりの償却負担が増加する可能性があります。

無形資産の帳簿価額については「連結財務諸表注記　9. のれん及び無形資産」を，減損損失に関連する内容については「連結財務諸表注記　27. 非金融資産の減損」をご参照ください。

(5)　繰延税金資産

繰延税金資産の回収可能性の判断は将来の事業計画等から算出した課税所得に基づいており，未使用の税務上の繰越欠損金，税額控除及び将来減算一時差異のうち，利用できる可能性が高いものを繰延税金資産として計上しております。事業環境の変化等により，一部又は全部の繰延税金資産の便益を実現させるだけの十分な課税所得を稼得できないと見込まれる場合には，繰延税金資産の計上額が減額され，追加の費用が発生する可能性があります。

繰延税金資産の帳簿価額については「連結財務諸表注記　13. 法人所得税」をご参照ください。

(6)　引当金

事業構造改善引当金

事業構造改善のための人員の適正化及び事業譲渡に関連した契約等に伴う損失見込額を計上しております。当該見積額は公表された構造改革計画に基づいておりますが，事業環境の急激な変化に伴う構造改革計画の見直し等により追加の費用もしくは費用の戻しが発生する可能性があります。

受注損失引当金

前年度において記載しておりました「工事契約等損失引当金」は，当年度より「受注損失引当金」に名称を変更しております。「3.　重要な会計方針　(13) 引当金③受注損失引当金」をご参照ください。

一括請負などの成果物の引渡し義務を負うサービス契約のうち，見積原価総額

が収益総額を超過する可能性が高く，かつその金額を合理的に見積もることができる場合，損失見込額を引当金として計上しております。プロジェクト総原価は，プロジェクトごとの仕様や作業期間，契約に係るリスク等に基づき見積もっておりますが，追加コストの発生等により当初見積り時のプロジェクト総原価の見直しが発生し，追加の費用もしくは費用の戻しが発生する可能性があります。

引当金の帳簿価額については「連結財務諸表注記　23. 引当金」をご参照ください。

(9) 確定給付制度

当社グループは，確定給付型もしくは確定拠出型の退職給付制度を設けています。運用収益の悪化により制度資産の公正価値が減少した場合や，確定給付制度債務算出にあたっての種々の前提条件（割引率，退職率，死亡率等）が変更され制度債務が増加した場合には，積立状況が悪化し，資本が減少する可能性があります。また，退職給付制度を変更する場合には，純損益に重要な影響を与える可能性があります。

退職給付に係る資産及び退職給付に係る負債の帳簿価額，前提条件及び感応度については「連結財務諸表注記　21. 退職後給付」をご参照ください。

5. 未適用の会計基準

連結財務諸表の承認日までに新設又は改訂が公表された基準書及び解釈指針のうち，当社グループに重要な影響があるものはありません。

2 財務諸表等

（1）【財務諸表】···

① 【貸借対照表】

（単位：百万円）

	前事業年度 （2022年3月31日）	当事業年度 （2023年3月31日）
資産の部		
流動資産		
現金及び預金	33,524	7,741
預け金	※1 145,014	※1 46,811
受取手形	530	854
売掛金	※1 447,066	※1 500,131
契約資産	※1 83,732	※1 86,788
商品及び製品	55,206	68,229
仕掛品	8,576	6,493
原材料及び貯蔵品	62,240	84,156
前渡金	4,644	3,865
関係会社短期貸付金	―	※2 11,735
未収入金	※1 136,603	※1 126,705
その他	※1 25,297	※1 28,961
貸倒引当金	△189	※2 △10,309
流動資産合計	1,002,246	962,166
固定資産		
有形固定資産		
建物（純額）	98,639	96,821
構築物（純額）	2,883	2,549
機械及び装置（純額）	1,102	1,087
車両運搬具（純額）	13	8
工具、器具及び備品（純額）	42,239	41,995
土地	40,294	39,546
建設仮勘定	7,496	9,000
有形固定資産合計	192,668	191,010
無形固定資産		
ソフトウェア	60,546	69,735
その他	5,722	10,274
無形固定資産合計	66,268	80,010
投資その他の資産		
投資有価証券	※3 95,887	※3 126,530
関係会社株式	428,175	425,340
関係会社長期貸付金	666	444
破産更生債権等	10	9
前払年金費用	27,495	29,783
繰延税金資産	60,447	44,696
その他	※1,※4 30,820	※1,※4 32,544
貸倒引当金	△569	△484
投資その他の資産合計	642,934	658,864
固定資産合計	901,871	929,885
資産合計	1,904,118	1,892,051

	前事業年度 （2022年3月31日）	当事業年度 （2023年3月31日）
負債の部		
流動負債		
買掛金	※1 379,942	※1 385,589
1年内償還予定の社債	10,000	―
1年内返済予定の長期借入金	※1 25,030	―
リース債務	※1 1,973	※1 1,748
未払金	※1 76,220	※1 42,776
未払費用	※1 100,325	※1 123,915
未払法人税等	1,862	43,379
契約負債	※1 72,030	※1 68,581
預り金	※1 17,978	※1 16,116
受注損失引当金	9,595	5,869
製品保証引当金	4,295	4,270
関係会社事業損失引当金	※2 69,767	※2 60,000
役員賞与引当金	100	124
事業構造改善引当金	0	―
株式報酬引当金	1,025	1,869
環境対策引当金	3	23
その他	※1 2,326	※1 1,972
流動負債合計	772,477	756,235
固定負債		
リース債務	※1 3,685	※1 2,699
退職給付引当金	1,311	2,216
株式報酬引当金	2,272	2,432
環境対策引当金	619	508
資産除去債務	11,020	11,032
その他	5	10
固定負債合計	18,914	18,899
負債合計	791,391	775,134
純資産の部		
株主資本		
資本金	324,625	324,625
資本剰余金		
その他資本剰余金	153,804	154,506
資本剰余金合計	153,804	154,506
利益剰余金		
利益準備金	31,233	35,754
その他利益剰余金		
繰越利益剰余金	696,037	825,583
利益剰余金合計	727,270	861,337
自己株式	△128,897	△277,702
株主資本合計	1,076,802	1,062,766
評価・換算差額等		
その他有価証券評価差額金	35,923	54,150
評価・換算差額等合計	35,923	54,150
純資産合計	1,112,726	1,116,916
負債純資産合計	1,904,118	1,892,051

② 【損益計算書】

（単位：百万円）

	前事業年度 （自　2021年4月 1日 至　2022年3月31日）	当事業年度 （自　2022年4月 1日 至　2023年3月31日）
売上高	※1 1,742,360	※1 1,804,001
売上原価	※1 1,219,094	※1 1,252,918
売上総利益	523,265	551,082
販売費及び一般管理費	※2 434,130	※2 447,345
営業利益	89,135	103,737
営業外収益		
受取利息	※1 117	※1 151
受取配当金	※1 40,579	※1 40,010
為替差益	－	1,415
その他の金融収益	41,981	1,386
営業外収益合計	82,678	42,964
営業外費用		
支払利息	195	122
社債利息	86	16
為替差損	1,308	－
貸倒引当金繰入額	1	－
関係会社事業損失引当金繰入額	5,550	2,541
その他の金融費用	1,604	454
営業外費用合計	8,747	3,134
経常利益	163,066	143,566
特別利益		
抱合せ株式消滅差益	※3 39,771	1,194
関係会社株式売却益	5,350	※6 79,883
投資有価証券売却益	※4 10,734	※4 11,491
固定資産売却益	2,457	4,408
特別利益合計	58,314	96,978
特別損失		
事業構造改善費用	※5 40,483	－
固定資産廃却損	－	5,101
減損損失	558	10
特別損失合計	41,041	5,112
税引前当期純利益	180,339	235,433
法人税、住民税及び事業税	6,270	48,231
法人税等調整額	△27,075	7,925
法人税等合計	△20,804	56,156
当期純利益	201,143	179,277

③ 【株主資本等変動計算書】

前事業年度（自　2021年4月1日　至　2022年3月31日）

（単位：百万円）

	株主資本						
	資本金	資本剰余金		利益剰余金			自己株式
		その他資本剰余金	資本剰余金合計	利益準備金	その他利益剰余金 繰越利益剰余金	利益剰余金合計	
当期首残高	324,625	167,822	167,822	27,065	541,723	568,789	△79,495
会計方針の変更による累積的影響額	－	－	－	－	△980	△980	－
会計方針の変更を反映した当期首残高	324,625	167,822	167,822	27,065	540,742	567,808	△79,495
当期変動額							
剰余金の配当	－	－	－	4,168	△45,849	△41,680	－
当期純利益	－	－	－	－	201,143	201,143	－
自己株式の取得	－	－	－	－	－	－	△50,164
自己株式の処分	－	636	636	－	－	－	763
分割型の会社分割による減少	－	△14,655	△14,655	－	－	－	－
株主資本以外の項目の当期変動額（純額）	－	－	－	－	－	－	－
当期変動額合計	－	△14,018	△14,018	4,168	155,294	159,462	△49,401
当期末残高	324,625	153,804	153,804	31,233	696,037	727,270	△128,897

	株主資本	評価・換算差額等		純資産合計
	株主資本合計	その他有価証券評価差額金	評価・換算差額等合計	
当期首残高	981,741	49,178	49,178	1,030,919
会計方針の変更による累積的影響額	△980	－	－	△980
会計方針の変更を反映した当期首残高	980,760	49,178	49,178	1,029,938
当期変動額				
剰余金の配当	△41,680	－	－	△41,680
当期純利益	201,143	－	－	201,143
自己株式の取得	△50,164	－	－	△50,164
自己株式の処分	1,399	－	－	1,399
分割型の会社分割による減少	△14,655	－	－	△14,655
株主資本以外の項目の当期変動額（純額）	－	△13,254	△13,254	△13,254
当期変動額合計	96,042	△13,254	△13,254	82,787
当期末残高	1,076,802	35,923	35,923	1,112,726

当事業年度（自　2022年4月1日　至　2023年3月31日）

	株主資本						
	資本金	資本剰余金		利益剰余金			自己株式
		その他資本剰余金	資本剰余金合計	利益準備金	その他利益剰余金 繰越利益剰余金	利益剰余金合計	
当期首残高	324,625	153,804	153,804	31,233	696,037	727,270	△128,897
当期変動額							
剰余金の配当	−	−	−	4,521	△49,731	△45,210	−
当期純利益	−	−	−	−	179,277	179,277	−
自己株式の取得	−	−	−	−	−	−	△150,103
自己株式の処分	−	701	701	−	−	−	1,298
株主資本以外の項目の当期変動額（純額）	−	−	−	−	−	−	−
当期変動額合計	−	701	701	4,521	129,545	134,066	△148,805
当期末残高	324,625	154,506	154,506	35,754	825,583	861,337	△277,702

	株主資本	評価・換算差額等		純資産合計
	株主資本合計	その他有価証券評価差額金	評価・換算差額等合計	
当期首残高	1,076,802	35,923	35,923	1,112,726
当期変動額				
剰余金の配当	△45,210	−	−	△45,210
当期純利益	179,277	−	−	179,277
自己株式の取得	△150,103	−	−	△150,103
自己株式の処分	1,999	−	−	1,999
株主資本以外の項目の当期変動額（純額）	−	18,226	18,226	18,226
当期変動額合計	△14,036	18,226	18,226	4,190
当期末残高	1,062,766	54,150	54,150	1,116,916

【注記事項】

（重要な会計方針）

1. 資産の評価基準及び評価方法 ……………………………………

（1） 有価証券の評価基準及び評価方法 ……………………………

① 子会社株式及び関連会社株式…………移動平均法による原価法

② その他有価証券

　市場価格のない株式等以外のもの…………決算日の市場価格等に基づく時価法

　　取得原価と時価との差額の処理方法……全部純資産直入法

　　売却時の売却原価の算定方法…………移動平均法による原価法

　市場価格のない株式等………………………移動平均法による原価法

（2） デリバティブの評価基準及び評価方法 ………………………

　時価法

（3） 棚卸資産の評価基準及び評価方法 ……………………………

　通常の販売目的で保有する棚卸資産

　　商品及び製品…………移動平均法による原価法

　　仕掛品……………………個別法又は総平均法による原価法

　　原材料及び貯蔵品……移動平均法による原価法

　なお，収益性の低下した棚卸資産については，帳簿価額を切下げております。

2. 固定資産の減価償却の方法 ………………………………………

（1） 有形固定資産（リース資産を除く）……………………………

　定額法

　耐用年数についてはビジネスごとに実態に応じた回収期間を反映し，次のとおり見積もっております。

　　建物，構築物…………7年〜50年

　　機械及び装置…………3年〜 7年

　　工具，器具及び備品…2年〜10年

(2)　無形固定資産（リース資産を除く）

① ソフトウェア

　　市場販売目的のソフトウェアについては，見込有効期間（3年）における見込販売数量に基づく方法，また，自社利用のソフトウェアについては，社内における利用可能期間（5年以内）に基づく定額法を採用しております。

② ソフトウェアを除く無形固定資産

　　定額法

(3)　リース資産

　　所有権移転外ファイナンス・リース取引に係るリース資産

　　リース期間を耐用年数とし，定額法で計算しております。

3. 引当金の計上基準

(1)　貸倒引当金

　　売上債権，貸付金等の貸倒損失に備えるため，一般債権については貸倒実績率により，貸倒懸念債権等特定の債権については個別に回収可能性を勘案し，回収不能見込額を計上しております。

(2)　受注損失引当金

　　受注制作のソフトウェア等のうち，当事業年度末時点で採算性の悪化が顕在化しているものについて損失見込額を計上しております。s

(3)　製品保証引当金

　　契約に基づき保証期間内の製品を無償で修理・交換する費用の支出に備えるため，過去の実績を基礎として算出した修理・交換費用の見積額を製品の販売時に計上しております。

(4)　関係会社事業損失引当金

　　関係会社の事業に係る損失等に備えるため，関係会社の財政状態等を個別に勘案し，損失見込額を計上しております。

(5)　役員賞与引当金

　　役員に対する賞与の支出に備えるため，支給見込額を計上しております。

(6) 事業構造改善引当金 ‥‥‥‥‥‥‥‥‥‥‥‥‥‥‥‥‥‥‥‥‥‥‥‥‥‥‥‥‥‥‥‥‥

　　事業構造改善のための事業整理等に伴う損失見込額を計上しております。

(7) 退職給付引当金又は前払年金費用 ‥‥‥‥‥‥‥‥‥‥‥‥‥‥‥‥‥‥‥‥‥‥

　　従業員の退職給付に備えるため，当事業年度末における退職給付債務及び年金
資産の見込額基づき，必要額を計上しております。

① 退職給付見込額の期間帰属方法 ‥‥‥‥‥‥‥‥‥‥‥‥‥‥‥‥‥‥‥‥‥‥‥‥

　　　退職給付債務の算定にあたり，退職給付見込額を当事業年度末までの期間に
帰属させる方法については，給付算定式基準によっております。

② 数理計算上の差異及び過去勤務費用の費用処理方法 ‥‥‥‥‥‥‥‥‥‥‥

　　　過去勤務費用の処理方法‥‥‥‥‥定額法（10年）により費用処理

　　　数理計算上の差異の処理方法‥‥‥‥定額法（従業員の平均残存勤務期間）で按

　　　　　　　　　　　　　　　　　　　　　分した額をそれぞれ発生の翌事業年度より

　　　　　　　　　　　　　　　　　　　　　費用処理

(8) 株式報酬引当金 ‥‥‥‥‥‥‥‥‥‥‥‥‥‥‥‥‥‥‥‥‥‥‥‥‥‥‥‥‥‥‥‥‥‥‥

　　役員等に対する株式報酬の支給に備えるため，支給見込額を計上しております。

(9) 環境対策引当金 ‥‥‥‥‥‥‥‥‥‥‥‥‥‥‥‥‥‥‥‥‥‥‥‥‥‥‥‥‥‥‥‥‥‥‥

　　PCB（ポリ塩化ビフェニル）廃棄物処理や土壌改良工事等の環境対策に係る支
出に備えるため，当該発生見込額を計上しております。

4. 収益及び費用の計上基準 ‥‥‥‥‥‥‥‥‥‥‥‥‥‥‥‥‥‥‥‥‥‥‥‥‥‥‥‥‥

(1) サービスに関する売上収益 ‥‥‥‥‥‥‥‥‥‥‥‥‥‥‥‥‥‥‥‥‥‥‥‥‥‥‥

　　サービスの提供は，通常，(a) 当社が顧客との契約における義務を履行するにつ
れて，顧客が便益を享受する，(b) 当社が顧客との契約における義務を履行するこ
とにより，資産が生じる又は資産の価値が増加し，それにつれて，顧客が当該資
産を支配する，又は，(c) 当社が顧客との契約における義務を履行することにより，
別の用途に転用することができない資産が生じ，当社が履行を完了した部分につい
て，対価を収受する強制力のある権利を有している場合のいずれかに該当するため，
一定の期間にわたり充足される履行義務であります。サービスの収益は，履行義
務の充足に係る進捗度を合理的に見積ることができる場合は当該進捗度に基づい

じ，進捗度を合理的に見積ることができないが，当該履行義務を充足する際に発生する費用を回収することが見込まれる場合は，履行義務の充足に係る進捗度を合理的に見積ることができる時まで原価回収基準により，認識しております。

一括請負などの成果物の引渡し義務を負うサービス契約（システムインテグレーション等）では，契約の履行において，当社でコストが発生し，作業が進捗していくことに伴い，当該顧客のためのオーダーメイドなサービスが完成に近づき，顧客が使用できる状態に近づいていくため，原則としてプロジェクト見積総原価に対する当事業年度末までの発生原価の割合で進捗度を見積る方法に基づいて収益を認識しております。ただし，契約開始時に当社が履行する義務に関してマイルストーンが定められている場合は，当該マイルストーンの達成に基づいて収益を認識しております。

継続して役務の提供を行うサービス契約（アウトソーシングサービス，保守サービス等）は，顧客の要求に応じたサービスを契約期間にわたって提供しております。顧客の要求に迅速に対応するため常に役務が提供できる状態で待機しておく必要があることから役務の提供は待機状態も含めた一定の期間にわたって行われているため，サービスが提供される期間に対する提供済期間の割合で進捗度を見積る方法に基づいて収益を認識しております。また，アウトソーシングサービス，保守サービス等のうち単位あたりで課金するサービス契約では，サービスの提供が完了し，請求可能となった時点で，収益を認識しております。

なお，契約当初に見積もった収益，進捗度又は発生原価に変更が生じた場合は，見積りの変更による累積影響額を，当該変更が明らかとなり見積り可能となった事業年度に純損益で認識しております。

（2） ハードウェア・プロダクトに関する売上収益

ハードウェア・プロダクトを単体で提供する場合は，通常，履行義務が一定の期間にわたり充足されるものでないため，一時点で充足される履行義務であり，その支配を顧客に移転した時点で，取引価格のうち履行義務に配分した額を収益として認識しております。支配が顧客へ移転した時点を決定するにあたり，(a) 資産に関する対価を収受する現在の権利を有している，(b) 顧客が資産に対する法的所有権を有している，(c) 資産の物理的占有を移転した，(d) 顧客が資産の

所有に伴う重大なリスクを負い経済価値を享受している，(e) 顧客が資産を検収しているか否かを考慮しております。

　サーバ，ネットワークプロダクトなど，据付等の重要なサービスを要するハードウェアの販売による収益は，原則として，顧客の検収時に認識しております。

　パソコンなどの標準的なハードウェアの販売による収益は，原則として，当該ハードウェアに対する支配が顧客に移転する引渡時に認識しております。

　一方，ハードの受託製造・製造請負において，当社の履行により，別の用途に転用することができない資産が生じ，当社が履行を完了した部分について対価を収受する強制力のある権利を有している場合には，履行義務の充足を忠実に描写するような方法を用いて進捗度の見積りに応じて収益を認識しております。

　当社は，様々なチャネルの顧客に対して，ボリュームディスカウントや販売インセンティブ（販売奨励金）を含む様々なマーケティングプログラムを提供しております。これら顧客に支払われる対価が事後的に変動する可能性がある場合には，変動する対価を見積もり，その不確実性が解消される際に，解消される時点までに計上された収益の著しい減額が発生しない可能性が高い部分に限り，収益に含めて処理しております。変動対価の見積りにあたっては，期待値法か最頻値法のいずれかのうち，権利を得ることとなる対価の金額をより適切に予測できる方法を用いております。

(3)　ライセンスに関する売上収益

　ライセンスの提供は，(a) 顧客が権利を有している知的財産に著しく影響を与える活動を行うことを契約により定められている又は顧客により合理的に期待されている，(b) 上記活動により，顧客が直接的に影響を受ける，(c) 上記活動の結果として，当社の活動が生じたとしても，財又はサービスが顧客に移転しない，という要件をすべて満たす場合には，知的財産にアクセスする権利（アクセス権）として一定期間にわたり収益を認識し，いずれかを満たさない場合には，知的財産を使用する権利（使用権）として一時点で収益を認識しております。

　当社における主なライセンスであるソフトウェアについては，通常，供与後に当社が知的財産の形態又は機能性を著しく変化させる活動又はライセンス期間にわたって知的財産の価値を維持するための活動を実施する義務を負わず，上記の

いずれの要件も満たさないため，使用権として　時点で収益を認識しております。

ソフトウェアがクラウド・サービス上で提供される場合には，通常，それらを単一の履行義務として，クラウド・サービスの収益と同じ時期で収益を認識しております。

ソフトウェアをソフトウェア・サポートと合わせて販売している場合には，通常，それぞれ別個の履行義務として，ソフトウェアにかかる収益とソフトウェア・サポートにかかる収益は別個に認識しております。ただし，ソフトウェア・サポートが提供されない限り当該ソフトウェアの便益を顧客が享受することができない場合には，例外的に単一の履行義務として，ソフトウェア・サポートの収益と同じ時期で収益を認識しております。

単品で販売しているソフトウェアのアップグレード権については，通常，ソフトウェアと当該アップグレード権を別個の履行義務として，当該アップグレード権を提供した時点で収益を認識しております。一方，ソフトウェアのアップグレード権がソフトウェア・サポートと統合された形で提供されている場合には，それらを単一の履行義務として，サービスの収益認識と同じ時期で収益を認識しております。

（4）複合取引

複合取引とは，ハードウェア販売とその付帯サービス，あるいはソフトウェア販売とその後のサポートサービスなどのように複数の財又はサービスが一つの契約に含まれるものであります。

顧客に約束している財又はサービスは，当該財又はサービスから単独で顧客が便益を享受することができる，あるいは，当該財又はサービスと顧客が容易に利用できる他の資源を組み合わせて顧客が便益を享受することができる（すなわち，当該財又はサービスが別個のものとなる可能性がある）場合，かつ，当該財又はサービスを顧客に移転する約束が，契約に含まれる他の約束と区分して識別できる（すなわち，当該財又はサービスを顧客に移転する約束が契約の観点において別個のものとなる）場合には，別個の履行義務として識別しております。

取引価格を複合取引における財又はサービスの独立販売価格の比率に基づき配分する際には，契約におけるそれぞれの履行義務の基礎となる別個の財又はサービスについて，契約における取引開始日の独立販売価格を算定し，取引価格を当該独立販売価格の比率に基づき配分しております。独立販売価格を直接観察でき

ない場合には，複合取引におけるそれぞれの履行義務について予想コストとマージンの積算等に基づき独立販売価格を見積もり，取引価格を配分しております。

(5) 代理人取引

　当社が財又はサービスの仕入及び販売に関して，それらを顧客に提供される前に支配していない場合，すなわち，顧客に代わって調達の手配を代理人として行う取引については，手数料を収益として認識しております。当社が当該財又はサービスを顧客に提供する前に支配しているか否かの判断にあたっては，(a) 当該財又はサービスを提供するという約束の履行に対して主たる責任を有している，(b) 当該財又はサービスが顧客に提供される前，又は支配が顧客に移転した後に在庫リスクを有している，(c) 当該財又はサービスの価格の設定において裁量権があるか否かを考慮しております。

5. その他財務諸表作成のための基本となる重要な事項

(1) ヘッジ会計の方法

　繰延ヘッジ処理を採用しております。

(2) 退職給付に係る会計処理

　退職給付に係る未認識数理計算上の差異，未認識過去勤務費用の未処理額の会計処理の方法は，連結財務諸表におけるこれらの会計処理の方法と異なっております。

(3) グループ通算制度の適用

　グループ通算制度を適用しております。

（重要な会計上の見積り）

　会計上の見積りにより当事業年度に係る財務諸表にその額を計上した項目であって，翌事業年度に係る財務諸表に重要な影響を及ぼす可能性があるものは，以下のとおりであります。

1. 収益認識

　貸借対照表において契約資産として前事業年度に83,732百万円，当事業年度に86,788百万円計上しております。

会計上の見積りの内容については，「連結財務諸表注記　4. 重要な会計上の見積り及び見積りを伴う判断（1）収益認識」をご参照ください。

2. 有形固定資産 ·

貸借対照表において有形固定資産として前事業年度に192,668百万円，当事業年度に191,010百万円計上しております。

会計上の見積りの内容については，「連結財務諸表注記　4. 重要な会計上の見積り及び見積りを伴う判断（2）有形固定資産」をご参照ください。

3. 無形固定資産 ·

貸借対照表において無形固定資産として前事業年度に66,268百万円，当事業年度に80,010百万円計上しております。

会計上の見積りの内容については，「連結財務諸表注記　4. 重要な会計上の見積り及び見積りを伴う判断（4）無形資産」をご参照ください。

4. 繰延税金資産 ·

貸借対照表において繰延税金資産として前事業年度に60,447百万円，当事業年度に44,696百万円計上しております（繰延税金資産の内容については　注記事項（税効果会計関係）をご参照ください。）。

会計上の見積りの内容については，「連結財務諸表注記　4. 重要な会計上の見積り及び見積りを伴う判断（5）繰延税金資産」をご参照ください。

5. 引当金 ·

貸借対照表において受注損失引当金として前事業年度に9,595百万円，当事業年度に5,869百万円計上しております。

会計上の見積りの内容については，「連結財務諸表注記　4. 重要な会計上の見積り及び見積りを伴う判断（6）引当金」をご参照ください。

貸借対照表において関係会社事業損失引当金として前事業年度に69,767百万円，当事業年度に60,000百万円計上しております。

関係会社の財政状態等を個別に勘案し，損失見込額を引当金として計上しております。損失見込額は関係会社の財政状態の変化，将来の事業計画の見直し等により変動する可能性があります。

6.　確定給付制度 ···

　貸借対照表において前払年金費用として前事業年度に27,495百万円，当事業年度に29,783百万円及び退職給付引当金として前事業年度に1,311百万円，当事業年度に2,216百万円計上しております。

　当社は，確定給付型もしくは確定拠出型の退職給付制度を設けています。運用収益の悪化により年金資産の公正価値が減少した場合や，退職給付債務算出にあたっての種々の前提条件（割引率，退職率，死亡率等）が変更され退職給付債務が増加した場合には，積立状況が悪化し，追加の費用が発生する可能性があります。。

（表示方法の変更）

　前事業年度において，流動負債の区分に表示しておりました「工事契約等損失引当金」は，より適切な表示とするため，当事業年度より「受注損失引当金」に科目名称を変更しております。

　前事業年度において，独立掲記しておりました営業外収益の「関係会社事業損失引当金戻入額」は，金額的重要性が乏しくなったため，当事業年度より営業外収益の「その他の金融収益」に含めて表示しております。

　この結果，前事業年度の損益計算書において，営業外収益の「関係会社事業損失引当金戻入額」38,498百万円，「その他の金融収益」3,483百万円は，営業外収益の「その他の金融収益」41,981百万円として組替えております。

第2章

電気機器業界の"今"を知ろう

企業の募集情報は手に入れた。しかし,それだけではまだ不十分。企業単位ではなく,業界全体を俯瞰する視点は,面接などでもよく問われる重要ポイントだ。この章では直近1年間の運輸業界を象徴する重大ニュースをまとめるとともに,今後の展望について言及している。また,章末には運輸業界における有名企業（一部抜粋）のリストも記載してあるので,今後の就職活動の参考にしてほしい。

▶▶かつての「お家芸」，復権なるか

電気機器 業界の動向

「電気機器」は，電気機器の製造に関わる業態である。インフラやプラントを手掛ける「重電」と，家庭用の洗濯機や冷蔵庫といった「家電」など，取り扱う製品によって大きく分類される。

❖ 総合電機メーカーの動向

電機産業は，自動車とともに日本の製造業を支えてきた重要な柱である。日立・東芝・三菱電機・ソニー・パナソニック・シャープ・NEC・富士通の，電機大手8社の売上合計は50兆円迫る。

かつては日本ブランドの象徴として，経済成長を支えてきた電機メーカーだが，2000年代に入り収益が悪化，リーマンショック以降，2017年まで売上は減少を続けてきた。低迷の理由としては，日本からの経済支援，技術供与などで中国や韓国のメーカーが急成長を果たし，個人向け電化製品（白モノ家電）や情報端末などで国産メーカーの価格競争力が低下したこと。また，日本の大手は発電設備などの重電からテレビ，白モノ家電に至るまで何でも手掛ける総合メーカーであるため，資本や技術が分散し，効率的な展開ができなかったことがあげられる。2008年以降の10年間で，売上を伸ばしたのは三菱電機のみ，純利益累計が黒字なのは，三菱，日立，富士通のわずか3社のみという厳しい市況から，各社とも経営改善に向けて，不採算事業の整理，優良事業の拡大など，構造転換を積極的に進めている。

●復活を目指す東芝，シャープ，パナソニック

東芝は，2015年の不正会計発覚，2016年度の米原子力事業子会社の法的整理に伴う大幅な赤字から，2017年には優良資産である半導体メモリ事業を売却して精算を行い，社会インフラ事業，メモリ以外の半導体事業，ICT（情報通信）事業の主要3部門を分社化した。今後は，各事業で経営の自立性や機動力を高め，経営再建に向けて競争力を強化していく。また，

2016年には白モノ家電事業を中国の美的集団（マイディア）に，2017年にはテレビ事業を手がける傘下の東芝映像ソリューションを中国の海信集団（ハイセンス）に，2018年にはパソコン事業をシャープに売却をしており，事業を整理しつつ収益改善に動いている。

東芝からパソコン事業を買い取り，同市場へ再参入を果たしたシャープは，2016年に台湾の鴻海（ホンハイ）精密工業に買収され，子会社となったあと，厳格なコスト削減を実施。親会社である鴻海の強みを活かしたパソコン事業のほか，長年培ってきた技術をもとに欧州で高級テレビ事業に参入するなど，新たな取り組みを行っており，2018年3月期には4年ぶりに黒字化を果たした。好採算の空気清浄機や調理家電が強みとなっている。

2011年に業績不振に陥ったパナソニックは，コンシューマー向け主体から企業向け主体へと方向転換をしており，自動車の電子化・電動化を見据えて，車載事業への取り組みを強化している。2017年10月には電気自動車（EV）に搭載するリチウムイオン電池の生産拠点を一斉に増産し，生産規模を2倍にした。2021年度の売上高は3兆6476円と国内では圧倒的な存在感を誇る。また，戦略投資としてM&Aなどに1兆円を投じ，海外においては，2015年に自動車部品メーカーであるスペインのフィコサ・インターナショナルの株式49％を取得，2016年には米国の業務用冷凍・冷蔵ショーケースメーカー・ハスマンの全株式を取得し，米国で食品流通事業を強化した。2017年には欧州の物流ソリューション会社のゼテス・インダストリーズの株式57.01％を取得している。国内でも，2017年には住宅事業を手がけるパナホームを完全子会社化するなど，活発な買収，再編を実施している。

●資源の集中，優良事業を拡大させる日立，三菱，ソニー

日立製作所は，2008年度に出した7873億円の純損失を機に，事業の選択を行い，社会インフラ事業に集中した。その結果，2010年，2011年度と連続最高純益でV字回復を果たした。この流れは継続中で，2016年もグループ会社の日立物流，日立キャピタルなど5社を実質的に売却した一方，2017年4月には英の昇降機企業と米国の空気圧縮機企業を買収。イタリアの鉄道車両・信号機メーカーも買収し，英国の実績とあわせて欧州での鉄道車両関連事業で存在感を増しており，目標のひとつであるグローバル展開も拡大している。海外の売上比率は2017年度の48％から50％に伸び，国内と同等規模になっている。

三菱電機は，携帯電話事業などから早々に撤退し，工場の自動化（FA）

など企業向けビジネスで業績を伸ばしており，日本の電機業界の中では数少ない「勝ち組」といわれている。2025年度までにFAシステム事業の売上を9000億円以上とする目的を掲げ，国内では2021年度までの稼働を目指し，2工場の新設を検討中。2018年6月には中国に工場を新設した。あわせて，中国拠点の増強やインドでの工場新設も検討を始めており，2021年度までに400億円を投資して，国内外をあわせた生産能力を4割程度引き上げる計画を進めている。また，2018年に勃発した米中貿易摩擦に対応して，中国で行っていた加工機2種の生産を国内工場に移管するなど，国際情勢に即した機敏な対応も行っている。

業績不振にあえいでいたソニーも，2018年3月期の純利益は4907億円と，過去最高益を達成した。ゲーム・ネットワークサービス，スマートフォン向け画像センサーといったIT関連部材など優良事業を強化しつつ，不振事業からの撤退や人員削減などで収益力を回復させ，テレビ事業では「量から質」へ転換し，4Kや有機ELなどの高級路線で欧米でのシェアを拡大させている。ただし，好調だった半導体事業は，スマートフォン市場の影響を受けやすい。スマートフォン自体が成熟期に入り，機能面での差別化が難しくなっているため，価格競争に陥りやすく，今後は納入する部品価格にもその影響が出てくることが予想される。2017年11月，2006年に販売終了した家庭用犬型ロボット「アイボ」を復活させ，その発表会で平井社長は「感動や好奇心を刺激するのがソニーのミッション」と強調した。すでにロボット型の掃除機が普及している家庭向けロボット市場は，潜在的な需要の見込まれる市場であり，新しいデバイスの導入による新しい価値の提供で市場を開拓することが期待される。

❖ 白モノ・生活家電の動向

日本電気工業会の調べでは，2022年度の白モノ家電の国内出荷金額は前年度比微増の2兆5887億円となった。新型コロナウイルスで在宅時間が増加し，自宅の生活を豊かにしようという特需が落ち着き，それに加えて半導体をはじめとする部品・部材不足が直撃したことが原因と見られる。

海外市場では，アジアなどの新興国において，世帯年収2万ドル以上の中間層が拡大している。それに伴い，白モノ家電の普及が進行中で，とくにドライヤーや炊飯器などの小型家電を中心に，さらなる需要拡大が見込

よれじいる。

　冷蔵庫，洗濯機，エアコンなど，生活必需品として手堅い需要のある白モノ家電だが，電機各社の経営戦略の流れのなかで，大きな転換を迫られている。東芝は2016年6月，白モノ家電事業を中国の美的集団に売却した。日立と三菱電機は売上規模を追わず，高付加価値製品に注力している。そんななかでパナソニックはシェアを伸ばし，エアコンやドラム式洗濯機など9市場で販売台数1位を獲得。国内家電市場全体でシェア3割近くを占め，過去30年で最高を更新した。パナソニックでは，エアコンや給湯システム，自動販売機や厨房機器といった食品流通，レンジ・食洗機などのスモール・ビルトインを高成長領域として積極的な投資を行い，グローバルでの成長を目指すという。

●注目を集めるIoT家電とこだわり家電

　白モノ家電の新展開として注目されているのが，ネットと連動するIoT家電である。スマートフォンで操作できるエアコンやロボット掃除機などが次々と登場している。シャープから発売された電気無水鍋「ヘルシオ　ホットクック」は無線LANを搭載しており，スマホからメニュー検索や遠隔操作などが可能になっている。また，人工知能（AI）によるメニュー提案も行う。家庭内でのIoTに関しては，2017年，電機メーカーを含めた大手企業やメーカーが集まり，業界の垣根を超えて「コネクティッドホーム　アライアンス」を設立した。パナソニックをはじめ，東急やトヨタ自動車などの自動車メーカー，TOTO，LIXIL，YKKAPなどの住宅設備メーカー，中部電力や大阪ガスなどインフラ企業まで77社が名を連ねており，これまで各企業がバラバラに取り組むことでなかなか進展せず，世界から遅れをとっていた国内IoTの取り組みを推進するという。

　また，こだわりの商品を手掛ける家電ベンチャーも活気づいている。バルミューダが販売するトースターは2万円という高額ながら，30万台を売る異例の大ヒットとなった。世界No.1の清浄能力を持つ空気清浄機やスタイリッシュな加湿器を販売するcado（カドー），全自動衣類折りたたみ機「ランドロイド」を開発したセブン・ドリーマーズ・ラボラトリーズなど，大手にはない視点でものづくりに挑んでいる。

❖ デジタル家電の動向

　電子情報技術産業協会によれば，2022年の薄型テレビ国内出荷台数は486.6万台と前年度より急落した。巣篭もり特需による需要先食いが落ち着いたことに加えて，価格競争が激化したことが原因と見られる。

　2017年以降，液晶に続く次世代モデルとして，有機ELテレビに注目が集まっている。有機ELテレビは，電圧をかけると有機材料自体が光る仕組みで，液晶よりも多彩な色彩を鮮やかに再現できる。また画面が5mm程度と薄く，重量も8kg程度で軽いうえに，消費電力も液晶テレビの1割程度で経済的である。国内では，2017年に東芝，パナソニック，ソニーが対応製品の販売を開始しており，当初は40万以上の高価格帯ばかりだったが，2018年に入り20万円台の商品も販売されるなど，低下傾向にある。海外では，ソニーが欧州の有機ELテレビ市場において，65インチは60％，55インチは70％と圧倒的なシェアを獲得している。世界全体のプレミアム製品市場でも44％のシェアとなっており，高級路線への切り替えに成功している。

　オーディオ分野では，高解像度で音の情報量がCDの約6.5倍あるというハイレゾリューション（ハイレゾ）音源が人気を集めている。ハイレゾは，レコーディングスタジオやコンサートホールで録音されたクオリティーがほぼ忠実に再現できるといわれており，ヘッドホンや携帯音楽プレーヤーなど，ハイレゾ対応機器の市場に期待が集まっている。

●4K・8K放送の抱える問題

　すでにCSの一部やケーブルテレビ，ネット動画サービスなどで4Kコンテンツは配信されているが，2018年12月にサービスが開始された新4K・8K衛星放送は4Kテレビへの移行を喚起する目玉のコンテンツといえる。ただ，放送開始前に販売されていた4K対応テレビの多くには，放送を受信するためのチューナーが内蔵されておらず，視聴にはチューナーを別途購入する必要がある。また，アンテナや配線の交換が必要となるケースもあるため，どこまで視聴者を増やせるか，疑問視する声もある。加えて，新4K・8K衛星放送を受信・視聴するには，放送の暗号化情報を解除するため，現行のB-CASカードに変わる「新CAS（ACAS）」チップが必要となる。このチップも，これまでに販売された4Kテレビには付与されていないため，視聴の際には別途，メーカーなどから提供を受けなければならなくなる。新4K・

8K衛星放送に関しては，サービスの開始時期やチューナー，新CASチップなど，告知が不十分な面もあり，今後のていねいな対応が求められている。

❖ パソコン・タブレット・携帯端末の動向

　2022年度の国内パソコン（PC）出荷台数は前年比4.4％減の1123万台（IDC調べ）だった。新型コロナ影響でリモートワークが進んだことと，「GIGAスクール」などの学習環境のオンライン化が急速に進んだことの反動が要因と考えられる。

　徐々に冷え込みを見せる国内事情と同様に，世界出荷台数も前年比2割減の2億9199万台となった。

　ここ数年，PCの好調の皺寄せがきていたスマートフォンだが，2022年における世界の出荷台数は前年比減の12億550万台（米IDC調べ）となった。市場シェアでは，韓国サムスン電子が20以上％を占め首位をキープ，米アップルは18.8％で2位，中国のHuaweiは米政府の規制が影響し，世界上位5から転落した。国内では，2022年のスマートフォン出荷台数は2810万台。メーカー別では，アップルがトップ。シャープ，ソニーが続いている。

　タブレットの2022年世界出荷台数は1億6280万台（米IDC調べ）。世界シェアの約半分を占めるアップルのiPadの21年5月発売の新製品効果により堅調な成長を見せている。スペックも向上し，ノートPCとの機能差，価格差は年々小さくなってきている。

❖ 半導体の動向

　日本の半導体政策が大きな転機を迎えている。2022年8月に最先端半導体の国産化を目指す「ラピダス」が設立された。同社にはトヨタ自動車やソニーグループなど国内の主要企業8社が出資，経済産業省は2023年4月までに3300億円の助成を決めるなど全面的にバックアップしている。

　半導体市場は，技術革新が著しく，巨額の研究開発費と設備投資によって高性能な製品開発を進めるビジネスといえる。IoTが普及すれば，家電や自動車から工場まで，あらゆるモノに半導体が搭載されることから，大きな需要増が見込まれる。そのため，世界の各企業は，これから来来するIoT

時代に備えてM&Aを進め，規模の拡大，製品ラインナップの拡充を目指している。

　2015年，米アバゴ・テクノロジーは同業の米ブロードコムを約4.6兆円で買収した。2016年にはソフトバンクグループが約3.3兆円で英半導体設計大手のARMを買収しており，日本企業による海外企業買収では過去最大の規模となる。ソフトバンクグループは，2017年にも半導体メーカーのエヌビディアへ4000億円を投資している。また，2017年にはインテルが車載カメラや半導体メーカーのモービルアイを約1兆7000億円で買収している。なお，成功はしなかったが，2016年には米クアルコムがオランダのNXPを約5兆円で買収することを計画。2017年11月には，前述のブロードコムがクアルコムに約12兆円で買収を提案していた。

　国内企業に関しては，2017年，東芝が半導体事業を売却したが，ソニーは画像センサーで世界首位を誇っている。画像センサーは，スマートフォン用カメラなどで，被写体の動きを感知して撮影できるように助けるシステムで，ソニーはアップルのiPhoneに搭載されるセンサーを納品しており，世界シェアは44％超となっている。

　自動車用半導体を手掛ける国内大手ルネサスエレクトロニクスは，自動運転技術の進化を見据えて，2022年の車載半導体シェア30％を狙っており，2016年に米半導体メーカーのインターシルを約3400億円で買収した。また，2018年9月には，同じく米国のインテグレーテッド・デバイス・テクノロジー（IDT）を約7500億円で買収すると発表した。IDTはセンサーと無線技術に強く，これも自立走行車向けの展開を見据えた買収といえる。一方，半導体製造装置の日立国際電気は，日立グループを離れ米KKRの傘下に入っている。

　高速通信規格「5G」の実用化を受けて，2020年移行，半導体市場は成長を続けていた。しかし，半導体メーカーの相次ぐ工場トラブルにより，世界的に半導体不足が深刻化している。

電気機器業界

直近の業界各社の関連ニュースを
ななめ読みしておこう。

白物家電出荷額、4〜9月は3%減　猛暑でもエアコン低調

日本電機工業会（JEMA）が23日発表した民生用電気機器の4〜9月の国内出荷額は前年同期比3.2%減の1兆3116億円だった。記録的な猛暑でもエアコンなどの出荷が低調だった。3月時点では2.5%増の1兆3894億円になると見込んでいたが、一転して2年ぶりの前年実績割れとなった。

円安や部材価格の上昇などで白物家電の単価は上昇傾向にある。一部の高機能機種が人気を集める一方で、多くの消費者は節約志向を強めている。JEMAは4〜9月の国内出荷額が期初の見通しを下回った理由について、「単価の上昇よりも数量が前年を下回った影響が大きかった」と説明する。

品目別では出荷額に占める割合が大きいエアコンの出荷台数が514万5000台となり、前年同期に比べ8.9%減少した。23年の夏は記録的な猛暑となったものの、過去10年の4〜9月の平均（518万9000台）をやや下回る水準だった。調査会社GfKジャパン（東京・中野）の新井沙織シニアマネージャーは「過去数年続いた高需要の反動が出た」と指摘する。

冷蔵庫の出荷台数は6.9%減の184万台だった。容量別で小・中容量帯は微増となったが、大容量帯は前年同期を下回った。メーカー関係者は「多少高価でも時短や手間の軽減に出費を惜しまない人と、そうでない人との二極化が進んでいる」と話す。

洗濯機の出荷台数は0.4%増の208万3000台だった。乾燥機能が付いているドラム式洗濯機は時短効果が高く、消費者からの人気を集めている。JEMAの統計でも洗濯乾燥機の出荷台数に占めるドラム式の構成比は初めて8割を超えた。

新型コロナウイルスの感染症法上の扱いが「5類」に移行した影響で、旅行などのレジャー消費は上向いている。外出機会の増加に伴ってドライヤーの出荷台数が4%増の228万2000台となるなど、理美容家電は好調だった。「イン

バウンド（訪日外国人）が回復し、お土産として買う需要が戻りつつある」（メーカー担当者）といった声もある。

電気代の高騰を受け、家庭での消費電力割合が一番高いエアコンでは省エネルギー性能が高い一部の高機能機種への関心が高まっている。三菱電機によると、人の脈波から感情を解析する機能を搭載した旗艦機種の販売数量は7月に前年同月比で3割増えた。

日立製作所の家電子会社、日立グローバルライフソリューションズ（GLS）は11月に発売するドラム式洗濯機から家電の「指定価格制度」を適用する。小売価格を指定する代わりに、売れ残った在庫の返品に応じる。

原材料価格の高騰や円安によって、製品単価の上昇は続く見通し。日立GLSは一定の需要がある高機能製品で利益率を確保する狙いだ。伊藤芳子常務は「適正な価格で購入してもらい、必要な商品開発サイクルの期間を確保したい」と話す。

（2023年10月23日　日本経済新聞）

Amazon、アレクサに生成AI搭載　「人間らしく会話」

米アマゾン・ドット・コムは20日、音声アシスタント「アレクサ」に生成人工知能（AI）技術を幅広く搭載すると発表した。同社のスマートスピーカーなどで利用者がより自然な会話をしたり、複雑な指示を出したりできるようになる。

東部バージニア州アーリントンの第2本社で新製品発表会を開いた。デバイス・サービス担当のデイブ・リンプ上級副社長が登壇し、アレクサは「（生成AIの技術基盤である）大規模言語モデルにより、まるで人間と話しているかのように速く応答できる」と強調した。

自社開発の大規模言語モデルをアレクサに組み込むことで、会話の文脈を踏まえた返答や、利用者の好みや関心に合わせた回答が可能になる。発表会では利用者がスポーツや料理についてアレクサに質問した後、友人に送るメッセージの作成を依頼すると、アレクサがスポーツや料理の話題を盛り込んで文章を作る実例を示した。

生成AIの搭載で会話表現が豊富になる。状況に応じてアレクサの音声のトーンを変え、利用者にとってより自然に聞こえるようにする。

生成AI機能はまず米国で2024年にかけて段階的に提供を始める。ソフトウ

ェアの更新によりアプリケリを高度化するため、旧型の端末でも利用できる。当初は無料とするが、将来は有料化を検討している。

22年秋以降、米オープンAIの対話型AI「Chat（チャット）GPT」をはじめとした生成AIが急速に普及した。アマゾンなどの音声アシスタントは従来、事前にプログラムされた範囲で会話や指示に応えることが多く、やりとりに柔軟に対応することが難しかった。

日本など米国以外での提供については「できるだけ早くあらゆる言語に対応したい」（デバイスの国際担当、エリック・サーニオ副社長）としている。

同日、スマートスピーカーやスマートホーム機器などハードウエアの新製品も披露した。

画面やカメラを備えるスマートスピーカーの新製品「エコーショー8」では画像認識技術を使い、利用者と端末の距離に応じて画面への表示内容を変える機能を搭載した。米国での価格は149ドル99セントからで、10月下旬に発売する。

アレクサで操作できる家電などをまとめて管理する端末として、8インチの画面を備えた「エコーハブ」を新たに売り出す。毎日決まった時間に照明と冷房を付けるなど、複数の家電にまたがる操作を一括で設定できる。日本でも販売し、価格は2万5980円。21日から注文を受け付ける。

アマゾンは23年5月、西部ワシントン州シアトルに続く第2本社をアーリントンに開いた。当初は第2本社を米東部ニューヨーク市と首都ワシントン近郊のアーリントンの2カ所に分割して設置すると表明したが、ニューヨークでは地元政治家らの反発を受けて19年に計画を撤回した経緯がある。

アーリントンの第2本社ではアマゾンの従業員約8000人が働く。新型コロナウイルスの感染拡大や働き方の変化を経て、一部の区画で着工を延期している。

（2023年9月21日　日本経済新聞）

サムスン、スマホも力不足　半導体不振で14年ぶり低収益

韓国サムスン電子が14年ぶりの低収益に苦しんでいる。27日発表の2023年4〜6月期業績は営業利益が前年同期比95％減の6700億ウォン（約730億円）だった。半導体部門の巨額赤字を他部門の収益で穴埋めして辛うじて黒字を確保したものの、これまで補完役を担ってきたスマートフォン事業の収益力低下が鮮明になっている。

26日夜、ソウル市の大型展示場には世界各地からユーチューバーやインフル

エンサーが集結していた。その数、1100人。お目当てはサムスンの最新スマホの発表だ。

これまで欧米各都市で年2回実施してきた同社最大イベントを初めて母国で開催。「BTS（防弾少年団）」など人気グループのメンバーも駆けつけ、発表会に花を添えた。

サムスンはこの場で、折り畳みスマホの最新機種を公開した。スマホ事業を統括する盧泰文（ノ・テムン）社長は「わずか数年で数千万人の折り畳みスマホ利用者の笑みがあふれた。今後数年でその市場は1億台を超えるだろう」と自信を示した。

最新機種「ギャラクシーＺフォールド5」と「ギャラクシーＺフリップ5」を8月に発売する。最大の特徴は、既存製品と比べて折り畳んだ時の厚さが2ミリメートル薄く、よりコンパクトにポケットに収まる点だ。Ｚフリップ5では背面ディスプレーの表示面積を3.8倍に広げた改良点もある。

小型の「Ｚフリップ5」は背面ディスプレーの面積を3.8倍に広げた

ただ、価格帯やカメラ性能、メモリー容量などは現行モデルと変わらず、消費者の購買意欲を高められるかは見通しにくい。

買い替え頻度の低下はサムスンに限った問題ではない。スマホの技術革新の余地が年々狭まり、消費者の需要を喚起できなくなっている。消費者側が現状のスマホに満足し、機能拡充を求めなくなったという面もある。

この汎用品（コモディティー）化の進展とともに安価な中国製スマホが台頭したことで、首位サムスンのシェアはじりじりと低下した。世界シェアは13年時点の31%から22年に21%まで下がった。スマホ部門の営業利益は13年の25兆ウォンから、22年に11兆6700億ウォンへと半減した。

かつてサムスンは半導体とスマホ（携帯電話）の「二本柱」で稼ぐ収益構造だった。振れ幅の大きい半導体事業が不振の時はスマホ部門が補い、安定成長を続けた。さらにディスプレーと家電・テレビ部門を持ち、巨額の半導体投資の原資を生み出してきた。

10年代に入るとディスプレーと家電・テレビが中国勢との激しい競争にさらされて収益力が低下。スマホでも中国勢の追い上げが続き、気がつけば半導体事業に依存する「一本足」の収益構造が鮮明になった。

そこに直撃したのが14年ぶりの半導体不況だ。23年4〜6月期の部門業績は、半導体が4兆3600億ウォンの営業赤字だったのに対し、スマホは3兆400億ウォンの黒字。ディスプレーが8400億ウォンの黒字、家電・テレビは7400億ウォンの黒字にとどまった。全体では何とか黒字を確保したものの、

半導体以外の力不足が露呈した。

サムスンは新たな収益源を生み出そうと、汎用品化の波にあらがってきた。

今回発表した折り畳みスマホもその一つだ。半導体やディスプレーを自ら手掛ける「垂直統合型」のサムスンが自社と協力会社の技術を持ち寄って19年に新市場を切り開いた。

その後、競合他社も追従して市場自体は大きくなった。しかし技術革新の余地は早くも狭まり、サムスンにとって5代目となる23年モデルの機能拡充は小幅にとどまった。このまま機能の優位性を打ち出せなければ、収益がしぼむリスクがある。

サムスンの主要事業は中国企業との競争にさらされ、長期的に収益力が低下傾向にある。それが今回の半導体不況で改めて浮き彫りになった。6月末時点で10兆円超の現金性資産も活用し、新たな収益事業の確立を急ぐ必要性が高まっている。

(2023年7月27日　日本経済新聞)

省エネ家電購入へ自治体支援　電気代値上げ、申請殺到も

自治体が住民を対象に省エネ家電の購入支援策を相次ぎ打ち出している。富山県や横浜市では家電の省エネ性能などに応じて最大3万～4万円分を還元し、買い替えで家計の電気代負担を軽くする。6月に家庭向け電気料金の引き上げを各地で迎えるなか、申請が殺到し、開始から10日間で予算が尽きる自治体も出ている。

富山県は5月の補正予算に支援事業費として5億円を計上し、準備を進めている。各家電の省エネ性能を星印で示した国の「統一省エネラベル」の星の数などに応じて、エアコン、冷蔵庫、発光ダイオード（LED）照明を購入した県民に1000～4万円分のキャッシュレス決済のポイントを付与する。

例えば星が4つ以上かつ冷房能力3.6キロワット以上のエアコンならポイントは2万円分で、県内に本店がある登録事業者の店舗で購入した場合は2倍とする。ポイントの代わりに県産品と交換できるギフトカードも選べる。財源には国の地方創生臨時交付金を活用する。

政府の認可を受け、6月から中部、関西、九州を除く電力大手7社の家庭向け電気料金が引き上げられた。政府試算による標準的な家庭の値上げ幅は北陸電力が42％と最も高い。富山県の担当者は「電気代は生活への影響が大きく、

支援したい」と話す。

事業開始は7月の想定だったが、「早めてほしい」との県民の声を受け、6月中へ前倒しを目指している。

青森県もエアコンなどの購入者に統一省エネラベルなどに応じて1000～6万円分のポイントや商品券を還元する事業を8月下旬に始める。横浜市も同時期から購入金額の20%、上限3万円分を還元する。

東京都は4月、家庭の脱炭素化を図るため省エネ家電の購入者に付与する独自のポイントを2～3割引き上げた。ポイントは商品券などと交換できる。

電気代高騰を受けて省エネ家電の購入を自治体が支援する動きは22年度後半ごろから出てきている。電気代を下げる政府の激変緩和策は9月で期限が切れる。家計への圧力が強まるなか、生活支援策として購入支援に関心を寄せる自治体は増えている。

県の大部分が6月の値上げを申請しなかった中部電力管内にある岐阜県も、省エネ家電の購入額に応じた最大4万円の現金給付を始める。購入者は後日レシートなどと合わせて申請し、県は指定の口座に振り込む。詳細は調整中だが、5月9日以降の購入分なら適用する。

県の担当者は「電気代が高い状態が長く続いている。省エネ家電への切り替えで家計の負担軽減と、地域の脱炭素化を進めたい」と話す。

住民の関心が高く、申請が殺到する事例も起きている。最大5万円の購入支援を5月1日に始めた広島県福山市は、予算が上限に達したとして購入者からの申請受け付けを10日に終了した。本来は8月末まで受け付ける予定だった。

約1億円の予算を組んだが「家電販売店での事前周知や、事業の開始が大型連休中に重なったことが影響した」（市担当者）もようだ。同市は反響の大きさを踏まえ、予算の追加を検討している。

（2023年6月2日　日本経済新聞）

バッテリーなどリサイクル強化　経産省、法改正視野

鉱物資源を含むバッテリーなどのリサイクル促進に向け、経済産業省は関連制度の見直しを進める。近く有識者検討会を作り、資源有効利用促進法などの改正を視野に議論を始める。リサイクルしやすい製品設計をメーカーに求めたり、製品回収をしやすくしたりすることを目指し、具体的な改正内容を詰める。27日にまとめた「成長志向型の資源自律経済戦略」の案に方針を盛り込んだ。

西村康稔経産相は「日本が世界に先駆けて取り組む意義は大きい」と期待を寄せた。

検討会では太陽光パネルやバッテリーなどを、リサイクルの重点品目に追加することなどを議論する。現在は家電製品などが重点品目になっている。政府が認定した製品を製造する設備への支援なども視野に入れる。

産学官の共同事業体も立ち上げる。リサイクル資源の利用・供給の目標達成に向けた行程表や、流通データなどをやりとりする基盤を作ることを検討する。

鉱物資源は埋蔵量が地域的に偏在しているものが少なくない。インドネシアによるニッケル鉱石の輸出禁止など、特定国が供給を絞り世界全体で影響が出たこともある。

日本は多くを輸入に頼り、十分な量の供給を受けられない事態もあり得る。日本で家庭から出る一般廃棄物のリサイクル率は20％に満たない。経済協力開発機構（OECD）全体の24％を下回り、リサイクルを強化すれば鉱物などを確保できる余地がある。

リサイクルは採掘などに比べ、二酸化炭素の排出量が最大で9割程度削減できるとされる。供給網寸断への備えと同時に、脱炭素化も進める狙いだ。

（2023年3月27日　日本経済新聞）

現職者・退職者が語る 電気機器業界の口コミ

※編集部に寄せられた情報を基に作成

▶労働環境

職種：物流企画　　年齢・性別：30代前半・男性

・残業代は基本的に全額出ますが，残業規制が厳しくなりました。
・労働量は部署によってまちまちで，繁忙期は休日出勤がある場合も。
・ノートPCで社外，自宅で仕事する場合も残業代は支払われます。
・役職が上がると裁量性が導入されるため，年収が下がります。

職種：法務　　年齢・性別：30代前半・男性

・サービス残業，休日出勤は一切なく，年休も取得しやすいです。
・2000年頃までは遅い時間まで働くことを良しとしていましたが，各人のライフスタイルに合わせて勤務できていると感じます。
・自宅で仕事を行うE-ワークも推奨されています。

職種：研究・開発（機械）　　年齢・性別：20代後半・男性

・社員同士の仲が良く，業務を行う上で協力関係を築きやすいです。
・自分のやる気次第で，難しい技術に挑戦できる環境にあります。
・責任ある仕事を任され，製品に関わっていることを実感できます。
・失敗を恐れず，チャレンジすることが求められる社風です。

職種：ソフトウェア開発（制御系）　　年齢・性別：20代後半・男性

・フレンドリーな職場だと思います（体育会的という意味ではなく）。最低限の上下関係はありますが，とても自由な雰囲気だと思います。
・管理方法としては，自己流・自社流で時代遅れの感は否めません。
・最近はマネージメント力強化の取り組みを始めているようです。

▶福利厚生

職種：機械・機構設計，金型設計（機械）　　年齢・性別：20代後半・男性

・福利厚生は大手企業だけあって，とても充実しています。
・3カ月の研修の間は家賃，食費，光熱費は一切かかりません。
・自営ホテルが格安で使えたり，帰省費用も出してもらえます。
・ただし，昇給制度は良くありません。

職種：一般事務　　年齢・性別：20代後半・女性

・福利厚生はとても充実していると思います。
・住宅補助は大阪だと独身寮，関東だと借り上げ寮となります。
・事務の女性は皆年に1回は，1週間の連続有休を取得しています。
・2010年以降は，先輩方が産休などを取得するようになりました。

職種：空調設備設計　　年齢・性別：20代後半・男性

・金銭面の福利厚生はまったくないと考えておいたほうがいいです。
・住宅手当がないのが一番大きいです。
・退職金も確定拠出年金に移行したため，額の少なさに驚くかも。
・保険が安かったり年休が取りやすかったりと，良い面もあります。

職種：サーバ設計・構築　　年齢・性別：20代後半・男性

・福利厚生は充実していると思います。
・自動車任意保険，生命保険，医療保険はグループ割引がありお得。
・誕生日月に誕生日プレゼントが会社から全社員宛てに貰えます。プ
　レゼントの内容は，おそらく自社製品だと思います。

▶仕事のやりがい

職種：制御設計（電気・電子）　　年齢・性別：20代後半・男性

- 自分が設計開発に携わった製品が世に出た時，やりがいを感じます。
- 国内外のインフラ開発で，人々の生活を支えていると実感します。
- 多くの企業と情報交換できる点も非常に刺激的です。
- 自分の能力次第で実際に製品の売上が左右されるプレッシャーも。

職種：研究開発　　年齢・性別：30代前半・男性

- 次々に新しい業務が与えられるのでやりがいがあります。
- 海外勤務のチャンスも多くあり，望めば研修も受けられます。
- 開発に関しては非常に高い技術に触れることができます。
- 自身の開発能力を常に向上させることが大事だと思います。

職種：経営コンサルタント　　年齢・性別：20代前半・女性

- 顧客規模が大きいため，非常にやりがいが大きいです。
- 社会を動かしている感は大企業ならではのものがあります。
- 数億単位でお金が動いていくため，自分の裁量権を感じます。顧客も大手の経営層であったりするため，とても刺激があります。

職種：ソフトウェア開発（制御系）　　年齢・性別：20代後半・男性

- 少人数で開発するので，開発完了時の達成感は大きいと思います。
- 最近は新興国など市場の拡大もあり，非常にやりがいがあります。
- エコなど要求の変化もあり，やるべきことが増えてきています。
- 経営側もモチベーション向上のための取り組みを始めています。

▶ブラック？ホワイト？

職種：研究開発　　年齢・性別：20代前半・男性

・研究開発の方針がコロコロ変わるのが非常に問題だと思います。
・やめると言っていた分野を急に復活させることもしばしば。
・方針が急に変わる度に，その分野で働いていた優秀な人材が他社へ。
・方針が定まらないため，効率が悪くなり現場が疲弊します。

職種：デジタル回路設計　　年齢・性別：20代前半・男性

・よくも悪くも昭和の空気が色濃く残っている会社です。
・行事は基本的には全員参加が基本です。
・運動会や全社スポーツ大会といったイベントを実施しております。
・若手は応援団に駆り出されるため，体育会系のノリが必要です。

職種：評価・テスト（機械）　　年齢・性別：20代後半・男性

・技術部の場合，残業が月100時間を越える人も少なからずいます。
・部署によっては毎週のように休日出社が発生しているところも。
・会社側は残業時間を減らそうとしているようですが，管理職は残業
　してあたりまえくらいの考えが主流のように感じます。

職種：法人営業　　年齢・性別：30代後半・男性

・部門の統廃合を凄いスピードでやっています。
・この会社は7割が40歳以上のため，課長や部長が出向していきます。
・本社で仕事がないまま，部下なしの課長や部長となる人もいます。
・職階級のピラミッドが崩れた状態で非常に働きづらくなりました。

▶女性の働きやすさ

職種：一般事務　　年齢・性別：20代後半・女性

- 産休や育休などの制度はしっかりしていて働きやすいと思います。
- 管理職になるのは難しく，キャリアを求める女性には不向きかと。
- 部署移動などもなく，同じ部署で働き続けることになります。
- 安定，変化なしを求めるならばもってこいの職場だと思います。

職種：マーケティング　　年齢・性別：20代後半・男性

- 男女差別はないので，とても働きやすいと思います。
- 女性は4大卒・短大卒関係なく業務にあたるチャンスがあります。
- 労働時間が長いため，出産すると途端に働きにくくなります。
- 男女平等であるので，夫婦がそれぞれ別の国に駐在するケースも。

職種：回路設計・実装設計　　年齢・性別：20代後半・男性

- 育児休暇を取得後，職場に復帰している女性社員も多くいます。
- 女性の管理職は自分の周りではあまり見たことがありません。
- 育休制度は使いやすいようですが，女性の労働環境改善はまだかと。
- 男性社員が圧倒的に多いこともあり，男性社会なのだと思います。

職種：ソフトウェア関連職　　年齢・性別：20代後半・女性

- 女性マネージャーは50人の部署に1人程度，部長以上も少ないです。
- 育児休暇等を利用した場合は管理職になるのはほぼ難しいようです。
- 部署によっては男尊女卑の考え方は根強く残っています。
- 女性管理職を増やす方向にあるようですが，時間がかかりそうです。

▶今後の展望

職種：ソフトウェア開発（制御系）　年齢・性別：20代後半・男性

・新興国や国際的エコ意識から市場は拡大傾向にあると思います。
・ライバル企業は技術的には日系メーカー，新興市場は中国系です。
・既存事業の動向はエアコンの需要が増え，開発案件が増えています。
・今後はあえて別分野への大胆な展開はないと思います。

職種：経理　年齢・性別：20代後半・男性

・一応高いシェアは持っていますが，油断できない状況です。
・断トツのトップシェアというわけでもないので競争は激化するかと。
・既存事業については成長性というのはないのではと感じています。
・今後の将来性については，疑問に感じるところです。

職種：研究・開発（機械）　年齢・性別：20代後半・男性

・会社設立以降ほぼ右肩上がりに業績を伸ばしています。
・一度も赤字転落していないため，将来的にも安泰だと思います。
・リーマン・ショックでも業績を落とすことなく乗り越えてきました。
・好況時に社員にバラまくことをしない堅実な経営方針がいいのかと。

職種：法人営業　年齢・性別：20代後半・男性

・一般的な商材のため市場がなくなることはないと思います。
・ただ，競合他社も多く，価格競争が厳しいのは否めません。
・売るだけではなく技術的知識を身につけることが大事だと思います。
・即潰れることはないとは思いますが，定年までいられるかどうか。

電気機器業界　国内企業リスト（一部抜粋）

区別	会社名	本社住所
電気機器	イビデン株式会社	岐阜県大垣市神田町 2-1
	コニカミノルタ株式会社	東京都千代田区丸の内 2-7-2　JP タワー
	ブラザー工業株式会社	名古屋市瑞穂区苗代町 15 番 1 号
	ミネベア株式会社	長野県北佐久郡御代田町大字御代田 4106-73
	株式会社 日立製作所	東京都千代田区丸の内一丁目 6 番 6 号
	株式会社 東芝	東京都港区芝浦 1-1-1
	三菱電機株式会社	東京都千代田区丸の内 2-7-3　東京ビル
	富士電機株式会社	東京都品川区大崎一丁目 11 番 2 号 ゲートシティ大崎イーストタワー
	東洋電機製造株式会社	東京都中央区八重洲一丁目 4 番 16 号 東京建物八重洲ビル 5 階
	株式会社安川電機	北九州市八幡西区黒崎城石 2 番 1 号
	シンフォニアテクノロジー株式会社	東京都港区芝大門 1-1-30　芝 NBF タワー
	株式会社明電舎	東京都品川区大崎二丁目 1 番 1 号 ThinkPark Tower
	オリジン電気株式会社	東京都豊島区高田 1 丁目 18 番 1 号
	山洋電気株式会社	東京都豊島区南大塚 3-33-1
	デンヨー株式会社	東京都中央区日本橋堀留町二丁目 8 番 5 号
	東芝テック株式会社	東京都品川区大崎 1-11-1 （ゲートシティ大崎ウエストタワー）
	芝浦メカトロニクス株式会社	神奈川県横浜市栄区笠間 2-5-1
	マブチモーター株式会社	千葉県松戸市松飛台 430 番地
	日本電産株式会社	京都府京都市南区久世殿城町 338 番地
	株式会社 東光高岳ホールディングス	東京都江東区豊洲 3-2-20 豊洲フロント 2F
	宮越ホールディングス株式会社	東京都大田区大森北一丁目 23 番 1 号
	株式会社　ダイヘン	大阪市淀川区田川 2 丁目 1 番 11 号
	ヤーマン株式会社	東京都江東区古石場一丁目 4 番 4 号
	株式会社 JVC ケンウッド	神奈川県横浜市神奈川区守屋町三丁目 12 番地

区別	会社名	本社住所
電気機器	第一精工株式会社	京都市伏見区桃山町根来 12 番地 4
	日新電機株式会社	京都市右京区梅津高畝町 47 番地
	大崎電気工業株式会社	東京都品川区東五反田 2-10-2 東五反田スクエア
	オムロン株式会社	京都市下京区塩小路通堀川東入
	日東工業株式会社	愛知県長久手市蟹原 2201 番地
	IDEC 株式会社	大阪市淀川区西宮原 2-6-64
	株式会社 ジーエス・ユアサ コーポレーション	京都市南区吉祥院西ノ庄猪之馬場町 1 番地
	サクサホールディングス株式会社	東京都港区白金 1-17-3 NBF プラチナタワー
	株式会社 メルコホールディングス	名古屋市中区大須三丁目 30 番 20 号 赤門通ビル
	株式会社テクノメディカ	横浜市都筑区仲町台 5-5-1
	日本電気株式会社	東京都港区芝五丁目 7 番 1 号
	富士通株式会社	神奈川県川崎市中原区上小田中 4-1-1
	沖電気工業株式会社	東京都港区虎ノ門 1-7-12
	岩崎通信機株式会社	東京都杉並区久我山 1 丁目 7 番 41 号
	電気興業株式会社	東京都千代田区丸の内三丁目 3 番 1 号 新東京ビル 7 階
	サンケン電気株式会社	埼玉県新座市北野三丁目 6 番 3 号
	株式会社ナカヨ通信機	前橋市総社町一丁目 3 番 2 号
	アイホン株式会社	愛知県名古屋市熱田区神野町 2-18
	ルネサス エレクトロニクス株式会社	神奈川県川崎市中原区下沼部 1753 番地
	セイコーエプソン株式会社	長野県諏訪市大和三丁目 3 番 5 号
	株式会社ワコム	埼玉県加須市豊野台二丁目 510 番地 1
	株式会社 アルバック	神奈川県茅ヶ崎市萩園 2500
	株式会社アクセル	東京都千代田区外神田四丁目 14 番 1 号 秋葉原 UDX　南ウイング 10 階
	株式会社ピクセラ	大阪府大阪市浪速区難波中 2-10-70 パークスタワー 25F

区別	会社名	本社住所
電気機器	EIZO 株式会社	石川県白山市下柏野町 153 番地
	日本信号株式会社	東京都千代田区丸の内 1-5-1 新丸の内ビルディング
	株式会社京三製作所	横浜市鶴見区平安町二丁目 29 番地の 1
	能美防災株式会社	東京都千代田区九段南 4 丁目 7 番 3 号
	ホーチキ株式会社	東京都品川区上大崎二丁目 10 番 43 号
	エレコム株式会社	大阪市中央区伏見町 4 丁目 1 番 1 号 明治安田生命大阪御堂筋ビル 9F
	日本無線株式会社	東京都杉並区荻窪 4-30-16 藤澤ビルディング
	パナソニック株式会社	大阪府門真市大字門真 1006 番地
	シャープ株式会社	大阪市阿倍野区長池町 22 番 22 号
	アンリツ株式会社	神奈川県厚木市恩名 5-1-1
	株式会社富士通ゼネラル	神奈川県川崎市高津区末長 1116 番地
	株式会社日立国際電気	東京都千代田区外神田 4-14-1 (秋葉原 UDX ビル 11F)
	ソニー株式会社	東京都港区港南 1-7-1
	TDK 株式会社	東京都港区芝浦三丁目 9 番 1 号 芝浦ルネサイトタワー
	帝国通信工業株式会社	神奈川県川崎市中原区苅宿 45 番 1 号
	ミツミ電機株式会社	東京都多摩市鶴牧 2-11-2
	株式会社タムラ製作所	東京都練馬区東大泉 1-19-43
	アルプス電気株式会社	東京都大田区雪谷大塚町 1-7
	池上通信機株式会社	東京都大田区池上 5-6-16
	パイオニア株式会社	神奈川県川崎市幸区新小倉 1-1
	日本電波工業株式会社	東京都渋谷区笹塚 1-50-1 笹塚 NA ビル
	株式会社日本トリム	大阪市北区梅田二丁目 2 番 22 号 ハービス ENT オフィスタワー 22F
	ローランド ディー.ジー.株式会社	静岡県浜松市北区新都田一丁目 6 番 4 号
	フォスター電機株式会社	東京都昭島市つつじが丘一丁目 1 番 109 号
	クラリオン株式会社	埼玉県さいたま市中央区新都心 7-2
	SMK 株式会社	東京都品川区戸越 6 丁目 5 番 5 号

区別	会社名	本社住所
電気機器	株式会社ヨコオ	東京都北区滝野川 7-5-11
	株式会社 東光	東京都品川区東中延 1-5-7
	ティアック株式会社	東京都多摩市落合 1 丁目 47 番地
	ホシデン株式会社	大阪府八尾市北久宝寺 1-4-33
	ヒロセ電機株式会社	東京都品川区大崎 5 丁目 5 番 23 号
	日本航空電子工業株式会社	東京都渋谷区道玄坂 1-21-2
	TOA 株式会社	兵庫県神戸市中央区港島中町七丁目 2 番 1 号
	古野電気株式会社	兵庫県西宮市芦原町 9-52
	ユニデン株式会社	東京都中央区八丁堀 2-12-7
	アルパイン株式会社	東京都品川区西五反田 1-1-8
	スミダコーポレーション株式会社	東京都中央区日本橋蛎殻町一丁目 39 番 5 号 水天宮北辰ビル ヂング
	アイコム株式会社	大阪市平野区加美南 1-1-32
	リオン株式会社	東京都国分寺市東元町 3-20-41
	船井電機株式会社	大阪府大東市中垣内 7 丁目 7 番 1 号
	横河電機株式会社	東京都武蔵野市中町 2-9-32
	新電元工業株式会社	東京都千代田区大手町二丁目 2 番 1 号 新大手町ビル
	アズビル株式会社	東京都千代田区丸の内 2-7-3（東京ビル）
	東亜ディーケーケー株式会社	東京都新宿区高田馬場一丁目 29 番 10 号
	日本光電工業株式会社	東京都新宿区西落合 1 丁目 31 番 4 号
	株式会社チノー	東京都板橋区熊野町 32-8
	株式会社共和電業	東京都調布市調布ヶ丘 3-5-1
	日本電子材料株式会社	兵庫県尼崎市西長洲町 2 丁目 5 番 13 号
	株式会社堀場製作所	京都市南区吉祥院宮の東町 2
	株式会社アドバンテスト	東京都千代田区丸の内 1 丁目 6 番 2 号
	株式会社小野測器	神奈川県横浜市港北区新横浜 3 丁目 9 番 3 号
	エスペック株式会社	大阪市北区天神橋 3-5-6
	パナソニック デバイス SUNX 株式会社	愛知県春日井市牛山町 2431-1

区別	会社名	本社住所
電気機器	株式会社キーエンス	大阪市東淀川区東中島 1-3-14
	日置電機株式会社	長野県上田市小泉 81
	シスメックス株式会社	兵庫県神戸市中央区脇浜海岸通 1 丁目 5 番 1 号
	株式会社メガチップス	大阪市淀川区宮原 1 丁目 1 番 1 号 新大阪阪急ビル
	OBARA GROUP 株式会社	神奈川県大和市中央林間 3 丁目 2 番 10 号
	日本電産コパル電子株式会社	東京都新宿区西新宿 7-5-25 西新宿木村屋ビル
	澤藤電機株式会社	群馬県太田市新田早川町 3 番地
	コーセル株式会社	富山県富山市上赤江町一丁目 6 番 43 号
	株式会社日立メディコ	東京都千代田区外神田 4-14-1（秋葉原 UDX 18 階）
	新日本無線株式会社	東京都中央区日本橋横山町 3 番 10 号
	オプテックス株式会社	滋賀県大津市雄琴 5-8-12
	千代田インテグレ株式会社	東京都中央区明石町 4-5
	レーザーテック株式会社	神奈川県横浜市港北区新横浜 2-10-1
	スタンレー電気株式会社	東京都目黒区中目黒 2-9-13
	岩崎電気株式会社	東京都中央区日本橋馬喰町 1-4-16 馬喰町第一ビルディング
	ウシオ電機株式会社	東京都千代田区大手町二丁目 6 番 1 号
	岡谷電機産業株式会社	東京都世田谷区等々力 6-16-9
	ヘリオス テクノ ホールディング株式会社	兵庫県姫路市豊富町御蔭 703 番地
	日本セラミック株式会社	鳥取市広岡 176-17
	株式会社遠藤照明	大阪府大阪市中央区本町一丁目 6 番 19 号
	株式会社日本デジタル研究所	東京都江東区新砂 1-2-3
	古河電池株式会社	神奈川県横浜市保土ヶ谷区星川 2-4-1
	双信電機株式会社	東京都港区三田 3-13-16 三田 43MT ビル 13F
	山一電機株式会社	東京都大田区南蒲田 2 丁目 16 番 2 号 テクノポート三井生命ビル 11 階
	株式会社 図研	横浜市都筑区荏田東 2-25-1
	日本電子株式会社	東京都昭島市武蔵野 3 丁目 1 番 2 号
	カシオ計算機株式会社	東京都渋谷区本町 1-6-2

区別	会社名	本社住所
電気機器	ファナック株式会社	山梨県南都留郡忍野村忍草字古馬場 3580
	日本シイエムケイ株式会社	東京都新宿区西新宿 6-5-1 新宿アイランドタワー 43F
	株式会社エンプラス	埼玉県川口市並木 2 丁目 30 番 1 号
	株式会社 大真空	兵庫県加古川市平岡町新在家 1389
	ローム株式会社	京都市右京区西院溝崎町 21
	浜松ホトニクス株式会社	静岡県浜松市中区砂山町 325-6 日本生命浜松駅前ビル
	株式会社三井ハイテック	北九州市八幡西区小嶺二丁目 10 番 1 号
	新光電気工業株式会社	長野県長野市小島田町 80 番地
	京セラ株式会社	京都府京都市伏見区竹田鳥羽殿町 6
	太陽誘電株式会社	東京都台東区上野 6 丁目 16 番 20 号
	株式会社村田製作所	京都府長岡京市東神足 1 丁目 10 番 1 号
	株式会社ユーシン	東京都港区芝大門 1-1-30　芝 NBF タワー
	双葉電子工業株式会社	千葉県茂原市大芝 629
	北陸電気工業株式会社	富山県富山市下大久保 3158 番地
	ニチコン株式会社	京都市中京区烏丸通御池上る
	日本ケミコン株式会社	東京都品川区大崎五丁目 6 番 4 号
	コーア株式会社	長野県上伊那郡箕輪町大字中箕輪 14016
	市光工業株式会社	神奈川県伊勢原市板戸 80
	株式会社小糸製作所	東京都港区高輪 4 丁目 8 番 3 号
	株式会社ミツバ	群馬県桐生市広沢町 1-2681
	スター精密株式会社	静岡県静岡市駿河区中吉田 20 番 10 号
	大日本スクリーン製造 株式会社	京都市上京区堀川通寺之内上る 4 丁目天神北町 1-1
	キヤノン電子株式会社	埼玉県秩父市下影森 1248 番地
	キヤノン株式会社	東京都大田区下丸子 3 丁目 30 番 2 号
	株式会社リコー	東京都中央区銀座 8-13-1　リコービル
	MUTOH ホールディングス 株式会社	東京都世田谷区池尻 3 丁目 1 番 3 号
	東京エレクトロン株式会社	東京都港区赤坂 5-3-1 赤坂 Biz タワー

区別	会社名	本社住所
精密機器	テルモ株式会社	東京都渋谷区幡ヶ谷 2-44-1
	クリエートメディック株式会社	神奈川県横浜市都筑区茅ヶ崎南 2-5-25
	日機装株式会社	東京都渋谷区恵比寿 4 丁目 20 番 3 号 恵比寿ガーデンプレイスタワー 22 階
	株式会社島津製作所	京都市中京区西ノ京桑原町 1 番地
	株式会社ジェイ・エム・エス	広島市中区加古町 12 番 17 号
	クボテック株式会社	大阪市北区中之島 4-3-36 玉江橋ビル
	ショットモリテックス株式会社	埼玉県朝霞市泉水 3-13-45
	長野計器株式会社	東京都大田区東馬込 1 丁目 30 番 4 号
	株式会社ブイ・テクノロジー	横浜市保土ヶ谷区神戸町 134 横浜ビジネスパーク イーストタワー 9F/5F
	東京計器株式会社	東京都大田区南蒲田 2-16-46
	愛知時計電機株式会社	名古屋市熱田区千年一丁目 2 番 70 号
	株式会社東京精密	東京都八王子市石川町 2968-2
	マニー株式会社	栃木県宇都宮市清原工業団地 8 番 3
	株式会社ニコン	東京都千代田区有楽町 1-12-1（新有楽町ビル）
	株式会社トプコン	東京都板橋区蓮沼町 75 番 1 号
	オリンパス株式会社	東京都新宿区西新宿 2-3-1　新宿モノリス
	理研計器株式会社	東京都板橋区小豆沢 2-7-6
	株式会社タムロン	埼玉県さいたま市見沼区蓮沼 1385 番地
	HOYA 株式会社	東京都新宿区中落合 2-7-5
	ノーリツ鋼機株式会社	和歌山市梅原 579 － 1
	株式会社エー・アンド・デイ	東京都豊島区東池袋 3 丁目 23 番 14 号
	シチズンホールディングス 株式会社	東京都西東京市田無町 6-1-12
	リズム時計工業株式会社	埼玉県さいたま市大宮区北袋町一丁目 299 番地 12
	大研医器株式会社	大阪市中央区道修町 3 丁目 6 番 1 号
	株式会社松風	京都市東山区福稲上高松町 11
	セイコーホールディングス 株式会社	東京都港区虎ノ門二丁目 8 番 10 号 虎ノ門 15 森ビル
	ニプロ株式会社	大阪市北区本庄西 3 丁目 9 番 3 号

第3章

就職活動のはじめかた

入りたい会社は決まった。しかし「就職活動とはそもそも何をしていいのかわからない」「どんな流れで進むかわからない」という声は意外と多い。ここでは就職活動の一般的な流れや内容，対策について解説していく。

▶就職活動のスケジュール

3月	**4**月	**6**月

就職活動スタート

> 2025年卒の就活スケジュールは,経団連と政府を中心に議論され,2024年卒の採用選考スケジュールから概ね変更なしとされている。

エントリー受付・提出

OB・OG訪問

> 企業の説明会には積極的に参加しよう。独自の企業研究だけでは見えてこなかった新たな情報を得る機会であるとともに,モチベーションアップにもつながる。また,説明会に参加した者だけに配布する資料などもある。

合同企業説明会　　**個別企業説明会**

筆記試験・面接試験等始まる（3月〜）

内々定（大手企業）

2月末までにやっておきたいこと

就職活動が本格化する前に，以下のことに取り組んでおこう。
　　◎自己分析　◎インターンシップ　◎筆記試験対策
　　◎業界研究・企業研究　◎学内就職ガイダンス
自分が本当にやりたいことはなにか，自分の能力を最大限に活かせる会社はどこか。自己分析と企業研究を重ね，それを文章などにして明確にしておき，面接時に最大限に活用できるようにしておこう。

※このスケジュール表は一般的なものです。本年（2019年度）の採用スケジュール表ではありませんので，ご注意ください。

7月　　　**8月**　　　**10月**

中 小 企 業 採 用 本 格 化

内定者の数が採用予定数に満たない企業，1年を通して採用を継続している企業，夏休み以降に採用活動を実施企業（後期採用）は採用活動を継続して行っている。大企業でも後期採用を行っていることもあるので，企業から内定が出ても，納得がいかなければ継続して就職活動を行うこともある。

中小企業の採用が本格化するのは大手企業より少し遅いこの時期から。HPなどで採用情報をつかむとともに，企業研究も怠らないようにしよう。

内々定とは10月1日以前に通知（電話等）されるもの。内定に関しては現在協定があり，10月1日以降に文書等にて通知される。

内々定（中小企業）　　　内定式（10月〜）

どんな人物が求められる？

多くの企業は，常識やコミュニケーション能力があり，社会のできごとに高い関心を持っている人物を求めている。これは「会社の一員として将来の企業発展に寄与してくれるか」という視点に基づく，もっとも普遍的な選考基準だ。もちろん，「自社の志望を真剣に考えているか」「自社の製品，サービスにどれだけの関心を向けているか」という熱意の部分も重要な要素になる。

就活ロールプレイ！

理論編 STEP1　就職活動のスタート

内定までの道のりは，大きく分けると以下のようになる。

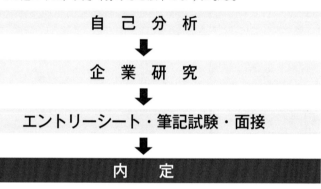

自　己　分　析

⬇

企　業　研　究

⬇

エントリーシート・筆記試験・面接

⬇

内　　定

01 まず自己分析からスタート

　就職活動とは，「企業に自分をPRすること」。自分自身の興味，価値観に加えて，強み・能力という要素が加わって，初めて企業側に「自分が働いたら，こういうポイントで貢献できる」と自分自身を売り込むことができるようになる。

■自分の来た道を振り返る

　自己分析をするための第一歩は，「振り返ってみる」こと。

　小学校，中学校など自分のいた"場"ごとに何をしたか（部活動など），何を学んだか，交友関係はどうだったか，興味のあったこと，覚えている印象的なことを書き出してみよう。

■テストを受けてみる

　"自分では気がついていない能力"を客観的に検査してもらうことで，自分に向いている職種が見えてくる。下記の5種類が代表的なものだ。

①職業適性検査　　②知能検査　　③性格検査

④職業興味検査　　⑤創造性検査

■**先輩や専門家に相談してみる**

就職活動をするうえでは，"いかに他人に自分のことをわかってもらうか"が重要なポイント。他者の視点で自分を分析してもらうことで，より客観的な視点で自己PRができるようになる。

自己分析の流れ

❑過去の経験を書いてみる

❑現在の自己イメージを明確にする…行動，考え方，好きなものなど。

❑他人から見た自分を明確にする

❑将来の自分を明確にしてみる…どのような生活をおくっていたいか。期待，夢，願望。なりたい自分はどういうものか，掘り下げて考える。→自己分析結果を，志望動機につなげていく。

01　企業の絞り込み

　志望企業の絞り込みについての考え方は大きく分けて2つある。

　第1は，同一業種の中で1次候補，2次候補……と絞り込んでいく方法。

　第2は，業種を1次，2次，3次候補と変えながら，それぞれに2社程度ずつ絞り込んでいく方法。

　第1の方法では，志望する同一業種の中で，一流企業，中堅企業，中小企業，縁故などがある歯止めの会社……というふうに絞り込んでいく。

　第2の方法では，自分が最も望んでいる業種，将来好きになれそうな業種，発展性のある業種，安定性のある業種，現在好況な業種……というふうに区別して，それぞれに適当な会社を絞り込んでいく。

02　情報の収集場所

・キャリアセンター

・新聞

・インターネット

・企業情報

『就職四季報』（東洋経済新報社刊），『日経会社情報』（日本経済新聞社刊）などの企業情報。この種の資料は本来"株式市場"についての資料だが，その時期の景気動向を含めた情報を仕入れることができる。

・経済雑誌

『ダイヤモンド』（ダイヤモンド社刊）や『東洋経済』（東洋経済新報社刊），『エコノミスト』（毎日新聞出版刊）など。

・OB・OG／社会人

03 志望企業をチェック

①成長力

　まず"売上高"。次に資本力の問題や利益率などの比率。いくら資本金があっても，それを上回る膨大な借金を抱えていて，いくら稼いでも利払いに追われまくるようでは，成長できないし，安定できない。

　成長力を見るには自己資本率を割り出してみる。自己資本を総資本で割って100を掛けると自己資本率がパーセントで出てくる。自己資本の比率が高いほうが成長力もあり安定度も高い。

　利益率は純利益を売上高で割って100を掛ける。利益率が高ければ，企業はどんどん成長するし，社員の待遇も上昇する。利益率が低いということは，仕事がどんなに忙しくても利益にはつながらないということになる。

②技術力

　技術力は，短期的な見方と長期的な展望が必要になってくる。研究部門が適切な規模か，大学など企業外の研究部門との連絡があるか，先端技術の分野で開発を続けているかどうかなど。

③経営者と経営形態

　会社が将来，どのような発展をするか，または衰退するかは経営者の経営哲学，経営方針によるところが大きい。社長の経歴を知ることも必要。創始者の息子，孫といった親族が社長をしているのか，サラリーマン社長か，官庁などからの天下りかということも大切なチェックポイント。

④社風

　社風というのは先輩社員から後輩社員に伝えられ，教えられるもの。社風もいろいろな面から必ずチェックしよう。

⑤安定性

　企業が成長しているか，安定しているかということは車の両輪。どちらか片方の回転が遅くなっても企業はバランスを失う。安定し，しかも成長する。これが企業として最も理想とするところ。

⑥待遇

　初任給だけを考えてみても，それが手取りなのか，基本給なのか。基本給というのはボーナスから退職金，定期昇給の金額にまで響いてくる。また，待遇というのは給与ばかりではなく，福利厚生施設でも大きな差が出てくる。

■そのほかの会社比較の基準

1. ゆとり度

休暇制度は，企業によって独自のものを設定しているところもある。「長期休暇制度」といったものなどの制定状況と，また実際に取得できているかどうかも調べたい。

2. 独身寮や住宅設備

最近では，社宅は廃止し，住宅手当を多く出すという流れもある。寮や社宅についての福利厚生は調べておく。

3. オフィス環境

会社に根づいた慣習や社員に対する考え方が，意外にオフィスの設備やレイアウトに表れている場合がある。

たとえば，個人の専有スペースの広さや区切り方，パソコンなどOA機器の設置状況，上司と部下の机の配置など，会社によってずいぶん違うもの。玄関ロビーや受付の様子を観察するだけでも，会社ごとのカラーや特徴がどこかに見えてくる。

4. 勤務地

転勤はイヤ，どうしても特定の地域で生活していきたい。そんな声に応えて，最近は流通業などを中心に，勤務地限定の雇用制度を取り入れる企業も増えている。

---

column 初任給では分からない本当の給与

会社の給与水準には「初任給」「平均給与」「平均ボーナス」「モデル給与」など，判断材料となるいくつかのデータがある。これらのデータからその会社の給料の優劣を判断するのは非常に難しい。

たとえば中小企業の中には，初任給が飛び抜けて高い会社がときどきある。しかしその後の昇給率は大きくないのがほとんど。

一方，大手企業の初任給は業種間や企業間の差が小さく，ほとんど横並びと言っていい。そこで，「平均給与」や「平均ボーナス」などで将来の予測をするわけだが，これは一応の目安とはなるが，個人差があるので正確とは言えない。

■決定版「就職ノート」はこう作る

1冊にすべて書き込みたいという人には，ルーズリーフ形式のノートがお勧め。会社研究，スケジュール，時事用語，OB／OG訪問，切り抜きなどの項目を作りインデックスをつける。

カレンダー，説明会，試験などのスケジュール表を貼り，とくに会社別の説明会，面談，書類提出，試験の日程がひと目で分かる表なども作っておく。そして見開き2ページで1社を載せ，左ページに企業研究，右ページには志望理由，自己PRなどを整理する。

就職ノートの主なチェック項目

❏企業研究…資本金，業務内容，従業員数など基礎的な会社概要から，過去の採用状況，業務報告などのデータ

❏採用試験メモ…日程，条件，提出書類，採用方法，試験の傾向など

❏店舗・営業所見学メモ…流通関係，銀行などの場合は，客として訪問し，商品（値段，使用価値，ユーザーへの配慮），店員（接客態度，商品知識，熱意，親切度），店舗（ショーケース，陳列の工夫，店内の清潔さ）などの面をチェック

❏OB／OG訪問メモ…OB／OGの名前，連絡先，訪問日時，面談場所，質疑応答のポイント，印象など

❏会社訪問メモ…連絡先，人事担当者名，会社までの交通機関，最寄り駅からの地図，訪問のときに得た情報や印象，訪問にいたるまでの経過も記入

　「OB／OG訪問」は，実際は採用予備選考開始。まず，OB／OG訪問を希望したら，大学のキャリアセンター，教授などの紹介で，志望企業に勤める先輩の手がかりをつかむ。もちろん直接電話なり手紙で，自分の意向を会社側に伝えてもいい。自分の在籍大学，学部をはっきり言って，「先輩を紹介していただけないでしょうか」と依頼しよう。

OB／OG訪問時の質問リスト例

●**採用について**

　・成績と面接の比重　　　　　　・評価のポイント

　・採用までのプロセス（日程）　・筆記試験の傾向と対策

　・面接は何回あるか　　　　　　・コネの効力はどうか

　・面接で質問される事項　etc.

●**仕事について**

　・内容（入社10年, 20年のOB/OG）　・新入社員の仕事

　・希望職種につけるのか　　　　・やりがいはどうか

　・残業，休日出勤，出張など　　・同業他社と比較してどうか　etc.

●**社風について**

　・社内のムード　　　　　　　　・上司や同僚との関係

　・仕事のさせ方　etc.

●**待遇について**

　・給与について　　　　　　　　・福利厚生の状態

　・昇進のスピード　　　　　　　・離職率について　etc.

インターンシップとは，学生向けに企業が用意している「就業体験」プログラム。ここで学生はさまざまな企業の実態をより深く知ることができ，その後の就職活動において自己分析，業界研究，職種選びなどに活かすことができる。また企業側にとっても有能な学生を発掘できるというメリットがあるため，導入する企業は増えている。

インターンシップ参加が採用につながっているケースもあるため，たくさん参加してみよう。

---

column コネを利用するのも１つの手段？

コネを活用できるのは，以下のような場合である。

・企業と大学に何らかの「連絡」がある場合

企業の新卒採用の場合，特定校・指定校が決められていることもある。企業側が過去の実績などに基づいて決めており，大学の力が大きくものをいう。

とくに理工系では，指導教授や研究室と企業との連絡が密接な場合が多く，教授の推薦が有利であることは言うまでもない。同じ大学出身の先輩とのコネも，この部類に区分できる。

・志望企業と「関係」ある人と関係がある場合

一般的に言えば，志望企業の取り引き先関係からの紹介というのが一番多い。ただし，年間億単位の実績が必要で，しかも部長・役員以上につながっていなければコネがあるとは言えない。

・志望企業と何らかの「親しい関係」がある場合

志望企業に勤務したりアルバイトをしていたことがあるという場合。インターンシップもここに分類される。職場にも馴染みがあり人間関係もできているので，就職に際してきわめて有利。

・志望会社に関係する人と「縁故」がある場合

縁故を「血縁関係」とした場合，日本企業ではこのコネはかなり有効なところもある。ただし，血縁者が同じ会社にいるというのは不都合なことも多いので，どの企業も慎重。

1. 受付の様子

受付事務がテキパキとしていて，分かりやすいかどうか。社員の態度が親切で誠意が伝わってくるかどうか。

こういった受付の様子からでも，その会社の社員教育の程度や，新入社員採用に対する熱意とか期待を推し測ることができる。

2. 控え室の様子

控え室が2カ所以上あって，国立大学と私立大学の訪問者とが，別々に案内されているようなことはないか。また，面談の順番を意図的に変えているようなことはないか。これはよくある例で，すでに大半は内定しているということを意味する場合が多い。

3. 社内の雰囲気

社員の話し方，その内容を耳にはさむだけでも，社風が伝わってくる。

4. 面談の様子

何時間も待たせたあげくに，きわめて事務的に，しかも投げやりな質問しかしないような採用担当者である場合，この会社は人事が適正に行われていないということだから，一考したほうがよい。

 説明会での質問項目

・質問内容が抽象的でなく，具体性のあるものかどうか。
・質問内容は，現在の社会・経済・政治などの情況を踏まえた，
　大学生らしい高度で専門性のあるものか。
・質問をするのはいいが，「それでは，あなたの意見はどうか」と
　逆に聞かれたとき，自分なりの見解が述べられるものであるか。

提出する書類は6種類。①〜③が大学に申請する書類，④〜⑥が自分で書く書類だ。大学に申請する書類は一度に何枚も入手しておこう。

① 「卒業見込証明書」
② 「成績証明書」
③ 「健康診断書」
④ 「履歴書」
⑤ 「エントリーシート」
⑥ 「会社説明会アンケート」

■自分で書く書類は「自己PR」

第1次面接に進めるか否かは「自分で書く書類」の出来にかかっている。「履歴書」と「エントリーシート」は会社説明会に行く前に準備しておくもの。「会社説明会アンケート」は説明会の際に書き，その場で提出する書類だ。

01 履歴書とエントリーシートの違い

Webエントリーを受け付けている企業に資料請求をすると，資料と一緒に「エントリーシート」が送られてくるので，応募サイトのフォームやメールでエントリーシートを送付する。Webエントリーを行っていない企業には，ハガキやメールで資料請求をする必要があるが，「エントリーシート」は履歴書とは異なり，企業が設定した設問に対して回答するもの。すなわちこれが「1次試験」であり，これにパスをした人だけが会社説明会に呼ばれる。

■字はていねいに

　字を書くところから，その企業に対する"本気度"は測られている。

■誤字，脱字は厳禁

　使用するのは，黒のインク。

■修正液使用は不可

■数字は算用数字

■自分の広告を作るつもりで書く

　自分はこういう人間であり，何がしたいかということを簡潔に書く。メリットになることだけで良い。自分に損になるようなことを書く必要はない。

■「やる気」を示す具体的なエピソードを

　「私はやる気があります」「私は根気があります」という抽象的な表現だけではNG。それを示すエピソードのようなものを書かなくては意味がない。

Point

> 自己紹介欄の項目はすべて「自己PR」。自分はこういう人間であることを印象づけ，それがさらに企業への「志望動機」につながっていくような書き方をする。

---

column 履歴書やエントリーシートは，共通でもいい？

　「履歴書」や「エントリーシート」は企業によって書き分ける。業種はもちろん，同じ業界の企業であっても求めている人材が違うからだ。各書類は提出前にコピーを取り，さらに出した企業名を忘れずに書いておくことも大切だ。

写真	スナップ写真は不可。 スーツ着用で，胸から上の物を使用する。ポイントは「清潔感」。 氏名・大学名を裏書きしておく。
日付	郵送の場合は投函する日，持参する場合は持参日の日付を記入する。
生年月日	西暦は避ける。元号を省略せずに記入する。
氏名	戸籍上の漢字を使う。印鑑押印欄があれば忘れずに押す。
住所	フリガナ欄がカタカナであればカタカナで，平仮名であれば平仮名で記載する。
学歴	最初の行の中央部に「学□□歴」と2文字程度間隔を空けて，中学校卒業から大学（卒業・卒業見込み）まで記入する。 中途退学の場合は，理由を簡潔に記載する。留年は記入する必要はない。 職歴がなければ，最終学歴の一段下の行の右隅に，「以上」と記載する。
職歴	最終学歴の一段下の行の中央部に「職□□歴」と2文字程度間隔を空け記入する。 「株式会社」や「有限会社」など，所属部門を省略しないで記入する。 「同上」や「〃」で省略しない。 最終職歴の一段下の行の右隅に，「以上」と記載する。
資格・免許	4級以下は記載しない。学習中のものも記載して良い。 「普通自動車第一種運転免許」など，省略せずに記載する。
趣味・特技	具体的に（例：読書でもジャンルや好きな作家を）記入する。
志望理由	その企業の強みや良い所を見つけ出したうえで，「自分の得意な事」がどう活かせるかなどを考えぬいたものを記入する。
自己PR	応募企業の事業内容や職種にリンクするような，自分の経験やスキルなどを記入する。
本人希望欄	面接の連絡方法,希望職種・勤務地などを記入する。「特になし」や空白はNG。
家族構成	最初に世帯主を書き，次に配偶者，それから家族を祖父母，兄弟姉妹の順に。続柄は，本人から見た間柄。兄嫁は，義姉と書く。
健康状態	「良好」が一般的。

01 エントリーシートの目的

・応募者を，決められた採用予定者数に絞り込むこと

・面接時の資料にする

の2つ。

■知りたいのは職務遂行能力

採用担当者が学生を見る場合は，「こいつは与えられた仕事をこなせるかどう
か」という目で見ている。企業に必要とされているのは仕事をする能力なのだ。

> 質問に忠実に，"自分がいかにその会社の求める人材に当てはまるか"を
> 丁寧に答えること。

02 効果的なエントリーシートの書き方

■情報を伝える書き方

課題をよく理解していることを相手に伝えるような気持ちで書く。

■文章力

大切なのは全体のバランスが取れているか。書く前に，何をどれくらいの字
数で収めるか計算しておく。

「起承転結」でいえば，「起」は，文章を起こす導入部分。「承」は，起を受け
て，その提起した問題に対して承認を求める部分。「転」は，自説を展開する
部分。もっともオリジナリティが要求される。「結」は，最後の締めの結論部分。
文章の構成・まとめる力で，総合的な能力が高いことをアピールする。

エントリーシートでよく取り上げられる題材と，その出題意図

エントリーシートで求められるものは，「自己PR」「志望動機」「将来どうなりたいか（目指すこと）」の3つに大別される。

1.「自己PR」

自己分析にしたがって作成していく。重要なのは，「なぜそうしようと思ったか？」「○○をした結果，何が変わったのか？何を得たのか？」という"連続性"が分かるかどうかがポイント。

2.「志望動機」

自己PRと一貫性を保ち，業界志望理由と企業志望理由を差別化して表現するように心がける。志望する業界の強みと弱み，志望企業の強みと弱みの把握は基本。

3.「将来の展望」

どんな社員を目指すのか，仕事へはどう臨もうと思っているか，目標は何か，などが問われる。仕事内容を事前に把握しておくだけでなく，5年後の自分，10年後の自分など，具体的な将来像を描いておくことが大切。

表現力，理解力のチェックポイント

❏文法，語法が正しいかどうか
❏論旨が論理的で一貫しているかどうか
❏1センテンスが簡潔かどうか
❏表現が統一されているかどうか（「です，ます」調か「だ，である」調か）

01 個人面接

●自由面接法

面接官と受験者のキャラクターやその場の雰囲気，質問と応答の進行具合などによって雑談形式で自由に進められる。

●標準面接法

自由面接法とは逆に，質問内容や評価の基準などがあらかじめ決まっている。実際には自由面接法と併用で，おおまかな質問事項や判定基準，評価ポイントを決めておき，質疑応答の内容上の制限を緩和しておくスタイルが一般的。1次面接などでは標準面接法をとり，2次以降で自由面接法をとる企業も多い。

●非指示面接法

受験者に自由に発言してもらい，面接官は話題を引き出したりするときなど，最小限の質問をするという方法。

●圧迫面接法

わざと受験者の精神状態を緊張させ，受験者がどのような応答をするかを観察し，判定する。受験者は，冷静に対応することが肝心。

02 集団面接

面接の方法は個人面接と大差ないが，面接官がひとつの質問をして，受験者が順にそれに答えるという方法と，面接官が司会役になって，座談会のような形式で進める方法とがある。

座談会のようなスタイルでの面接は，なるべく受験者全員が関心をもっているような話題を取りあげ，意見を述べさせるという方法。この際，司会役以外の面接官は一言も発言せず，判定・評価に専念する。

03 グループディスカッション

　グループディスカッション（以下，GD）の時間は30～60分程度，1グループの人数は5～10人程度で，司会は面接官が行う場合や，時間を決めて学生が交替で行うことが多い。面接官は内容については特に指示することはなく，受験者がどのようにGDを進めるかを観察する。

　評価のポイントは，全体的には理解力，表現力，指導性，積極性，協調性など，個別的には性格，知識，適性などが観察される。

　GDの特色は，集団の中での個人ということで，受験者の能力がどの程度のものであるか，また，どのようなことに向いているかを判定できること。受験者は，グループの中における自分の位置を面接官に印象づけることが大切だ。

グループディスカッション方式の面接におけるチェックポイント

- ❑全体の中で適切な論点を提供できているかどうか。
- ❑問題解決に役立つ知識を持っているか，また提供できているかどうか。
- ❑もつれた議論を解きほぐし，的はずれの議論を元に引き戻す努力をしているかどうか。
- ❑グループ全体としての目標をいつも考えているかどうか。
- ❑感情的な対立や攻撃をしかけているようなことはないか。
- ❑他人の意見に耳を傾け，よい意見には賛意を表し，それを全体に推し広げようという寛大さがあるかどうか。
- ❑議論の流れを自然にリードするような主導性を持っているかどうか。
- ❑提出した意見が議論の進行に大きな影響を与えているかどうか。

04 面接時の注意点

●控え室

　控え室には，指定された時間の15分前には入室しよう。そこで担当の係から，面接に際しての注意点や手順の説明が行われるので，疑問点は積極的に聞くようにし，心おきなく面接にのぞめるようにしておこう。会社によっては，所定のカードに必要事項を書き込ませたり，お互いに自己紹介をさせたりする場合もある。また，この控え室での行動も細かくチェックして，合否の資料にしている会社もある。

●入室・面接開始

　係員がドアの開閉をしてくれる場合もあるが，それ以外は軽くノックして入室し，必ずドアを閉める。そして入口近くで軽く一礼し，面接官か補助員の「どうぞ」という指示で正面の席に進み，ここで再び一礼をする。そして，学校名と氏名を名のって静かに着席する。着席時は，軽く椅子にかけるようにする。

●面接終了と退室

　面接の終了が告げられたら，椅子から立ち上がって一礼し，椅子をもとに戻して，面接官または係員の指示を受けて退室する。

　その際も，ドアの前で面接官のほうを向いて頭を下げ，静かにドアを開閉する。控え室に戻ったら，係員の指示を受けて退社する。

05 面接試験の評定基準

●協調性

　企業という「集団」では，他人との協調性が特に重視される。

　感情や態度が円満で調和がとれていること，極端に好悪の情が激しくなく，物事の見方や考え方が穏健で中立であることなど，職場での人間関係を円滑に進めていくことのできる人物かどうかが評価される。

●話し方

　外観印象的には，言語の明瞭さや応答の態度そのものがチェックされる。小さな声で自信のない発言，乱暴野卑な発言は減点になる。

　考えをまとめたら，言葉を選んで話すくらいの余裕をもって，真剣に応答しようとする姿勢が重視される。軽率な応答をしたり，まして発言に矛盾を指摘されるような事態は極力避け，もしそのような状況になりそうなときは，自分の非を認めてはっきりと謝るような態度を示すべき。

●好感度

　実社会においては，外観による第一印象が，人間関係や取引に大きく影響を及ぼす。

　「フレッシュな爽やかさ」に加え，入社志望など，自分の意思や希望をより明確にすることで，強い信念に裏づけられた姿勢をアピールできるよう努力したい。

●判断力

何を質問されているのか，何を答えようとしているのか，常に冷静に判断していく必要がある。

●表現力

話に筋道が通り理路整然としているか，言いたいことが簡潔に言えるか，話し方に抑揚があり聞く者に感銘を与えるか，用語が適切でボキャブラリーが豊富かどうか。

●積極性

活動意欲があり，研究心旺盛であること，進んで物事に取り組み，創造的に解決しようとする意欲が感じられること，話し方にファイトや情熱が感じられること，など。

●計画性

見通しをもって順序よく合理的に仕事をする性格かどうか，またその能力の有無。企業の将来性のなかに，自分の将来をどうかみ合わせていこうとしているか，現在の自分を出発点として，何を考え，どんな仕事をしたいのか。

●安定性

情緒の安定は，社会生活に欠くことのできない要素。自分自身をよく知っているか，他の人に流されない信念をもっているか。

●誠実性

自分に対して忠実であろうとしているか，物事に対してどれだけ誠実な考え方をしているか。

●社会性

企業は集団活動なので，自分の考えに固執したり，不平不満が多い性格は向かない。柔軟で適応性があるかどうか。

清潔感や明朗さ，若々しさといった外観面も重視される。

06 面接試験の質問内容

1. 志望動機

受験先の概要や事業内容はしっかりと頭の中に入れておく。また，その企業の企業活動の社会的意義と，自分自身の志望動機との関連を明確にしておく。「安定している」「知名度がある」「将来性がある」といった利己的な動機，「自

分の性格に合っている」というような，あいまいな動機では説得力がない。安定性や将来性は，具体的にどのような企業努力によって支えられているのかという考察も必要だし，それに対する受験者自身の評価や共感なども問われる。

①どうしてその業種なのか

②どうしてその企業なのか

③どうしてその職種なのか

以上の①〜③と，自分の性格や資質，専門などとの関連性を説明できるようにしておく。

自分がどうしてその会社を選んだのか，どこに大きな魅力を感じたのかを，できるだけ具体的に，情熱をもって語ることが重要。自分の長所と仕事の適性を結びつけてアピールし，仕事のやりがいや仕事に対する興味を述べるのもよい。

■複数の企業を受験していることは言ってもいい？

同じ職種，同じ業種で何社かかけもちしている場合，正直に答えてもかまわない。しかし，「第一志望はどこですか」というような質問に対して，正直に答えるべきかどうかというと，やはりこれは疑問がある。どんな会社でも，他社を第一志望にあげられれば，やはり愉快には思わない。

また，職種や業種の異なる会社をいくつか受験する場合も同様で，極端に性格の違う会社をあげれば，その矛盾を突かれるのは必至だ。

2. 仕事に対する意識・職業観

採用試験の段階では，次年度の配属予定が具体的に固まっていない会社もかなりある。具体的に職種や部署などを細分化して募集している場合は別だが，そうでない場合は，希望職種をあまり狭く限定しないほうが賢明。どの業界においても，採用後，新入社員には，研修としてその会社の各セクションをひと通り経験させる企業は珍しくない。そのうえで，具体的な配属計画を検討するのだ。

大切なことは，就職や職業というものを，自分自身の生き方の中にどう位置づけるか，また，自分の生活の中で仕事とはどういう役割を果たすのかを考えてみること。つまり自分の能力を活かしたい，社会に貢献したい，自分の存在価値を社会的に実現してみたい，ある分野で何か自分の力を試してみたい……，などの場合を考え，それを自分自身の人生観，志望職種や業種などとの関係を考えて組み立ててみる。自分の人生観をもとに，それを自分の言葉で表現できるようにすることが大切。

3. 自己紹介・自己PR

性格そのものを簡単に変えたり，欠点を克服したりすることは実際には難しいが，"仕方がない"という姿勢を見せることは禁物で，どんなささいなことでも，努力している面をアピールする。また一般的にいって，専門職を除けば，就職時になんらかの資格や技能を要求する企業は少ない。

　ただ，資格をもっていれば採用に有利とは限らないが，専門性を要する業種では考慮の対象とされるものもある。たとえば英検，簿記など。

　企業が学生に要求しているのは，4年間の勉学を重ねた学生が，どのように仕事に有用であるかということで，学生の知識や学問そのものを聞くのが目的ではない。あくまで，社会人予備軍としての謙虚さと素直さを失わないようにする。

　知識や学力よりも，その人の人間性，ビジネスマンとしての可能性を重視するからこそ，面接担当者は，学生生活全般について尋ねることで，書類だけでは分からない人間性を探ろうとする。

　何かうち込んだものや思い出に残る経験などは，その人の人間的な成長になんらかの作用を及ぼしているものだ。どんな経験であっても，そこから受けた印象や教訓などは，明確に答えられるようにしておきたい。

4. 一般常識・時事問題

　一般常識・時事問題については筆記試験の分野に属するが，面接でこうしたテーマがもち出されることも珍しくない。受験者がどれだけ社会問題に関心をもっているか，一般常識をもっているか，また物事の見方・考え方に偏りがないかなどを判定する。知識や教養だけではなく，一問一答の応答を通じて，その人の性格や適応能力まで判断されることになる。

07 面接に向けての事前準備

■面接試験1カ月前までには万全の準備をととのえる

●志望会社・職種の研究

　新聞の経済欄や経済雑誌などのほか，会社年鑑，株式情報など書物による研究をしたり，インターネットにあがっている企業情報や，検索によりさまざまな角度から調べる。すでにその会社へ就職している先輩や知人に会って知識を得たり，大学のキャリアセンターへ情報を求めるなどして総合的に判断する。

■専攻科目の知識・卒論のテーマなどの整理

大学時代にどれだけ勉強してきたか，専攻科目や卒論のテーマなどを整理しておく。

■**時事問題に対する準備**

毎日欠かさず新聞を読む。志望する企業の話題は，就職ノートに整理するなどもアリ。

面接当日の必需品

❑必要書類 (履歴書，卒業見込証明書，成績証明書，健康診断書，推薦状)

❑学生証

❑就職ノート (志望企業ファイル)

❑印鑑，朱肉

❑筆記用具 (万年筆，ボールペン，サインペン，シャープペンなど)

❑手帳，ノート

❑地図 (訪問先までの交通機関などをチェックしておく)

❑現金 (小銭も用意しておく)

❑腕時計 (オーソドックスなデザインのもの)

❑ハンカチ，ティッシュペーパー

❑くし，鏡 (女性は化粧品セット)

❑シューズクリーナー

❑ストッキング

❑折りたたみ傘 (天気予報をチェックしておく)

❑携帯電話，充電器

■一般常識試験

> 社会人として企業活動を行ううえで最低限必要となる一般常識のほか，
> 英語，国語，社会（時事問題），数学などの知識の程度を確認するもの。

　難易度はおおむね中学・高校の教科書レベル。一般常識の問題集を1冊やっておけばよいが，業界によっては専門分野が出題されることもあるため，必ず志望する企業のこれまでの試験内容は調べておく。

■一般常識試験の対策

・英語　慣れておくためにも，教科書を復習する，英字新聞を読むなど。

・国語　漢字，四字熟語，反対語，同音異義語，ことわざをチェック。

・時事問題　新聞や雑誌，テレビ，ネットニュースなどアンテナを張っておく。

■適性検査

　SPI（Synthetic Personality Inventory）試験（SPI3試験）とも呼ばれ，能力テストと性格テストを合わせたもの。

　能力テストでは国語能力を測る「言語問題」と，数学能力を測る「非言語問題」がある。言語的能力，知覚能力，数的能力のほか，思考・推理能力，記憶力，注意力などの問題で構成されている。

　性格テストは「はい」か「いいえ」で答えていく。仕事上の適性と性格の傾向などが一致しているかどうかをみる。

> SPIは職務への適応性を客観的にみるためのもの。

01 「論文」と「作文」

　一般に「論文」はあるテーマについて自分の意見を述べ，その論証をする文章で，必ず意見の主張とその論証という2つの部分で構成される。問題提起と論旨の展開，そして結論を書く。

　「作文」は，一般的には感想文に近いテーマ，たとえば「私の興味」「将来の夢」といったものがある。

　就職試験では「論文」と「作文」を合わせた"論作文"とでもいうようなものが出題されることが多い。

　論作文試験とは，「文章による面接」。テーマに書き手がどういう態度を持っているかを知ることが，出題の主な目的だ。受験者の知識・教養・人生観・社会観・職業観，そして将来への希望などが，どのような思考を経て，どう表現されているかによって，企業にとって，必要な人物かどうかを判断している。

　論作文の場合には，書き手の社会的意識や考え方に加え，「感銘を与える」働きが要求される。就職活動とは，企業に対し「自分をアピールすること」だということを常に念頭に置いておきたい。

Point

論文と作文の違い

	論　文	作　文
テーマ	学術的・社会的・国際的なテーマ。時事，経済問題など	個人的・主観的なテーマ。人生観，職業観など
表現	自分の意見や主張を明確に述べる。	自分の感想を述べる。
展開	四段型（起承転結）の展開が多い。	三段型（はじめに・本文・結び）の展開が多い。
文体	「だ調・である調」のスタイルが多い。	「です調・ます調」のスタイルが多い。

・テーマ

与えられた課題（テーマ）を，受験者はどのように理解しているか。

出題されたテーマの意義をよく考え，それに対する自分の意見や感情が，十分に整理されているかどうか。

・表現力

課題について本人が感じたり，考えたりしたことを，文章で的確に表しているか。

・字・用語・その他

かなづかいや送りがなが合っているか，文中で引用されている格言やことわざの類が使用法を間違えていないか，さらに誤字・脱字に至るまで，文章の基本的な力が受験者の人柄ともからんで厳密に判定される。

・オリジナリティ

魅力がある文章とは，オリジナリティを率直に出すこと。自分の感情や意見を，自分の言葉で表現する。

・生活態度

文章は，書き手の人格や人柄を映し出す。平素の社会的関心や他人との協調性，趣味や読書傾向はどうであるかといった，受験者の日常における生き方，生活態度がみられる。

・字の上手・下手

できるだけ読みやすい字を書く努力をする。また，制限字数より文章が長くなって原稿用紙の上下や左右の空欄に書き足したりすることは避ける。消しゴムで消す場合にも，丁寧に。

いずれの場合でも，表面的な文章力を問うているのではなく，受験者の人柄のほうを重視している。

マナーチェックリスト

就活において企業の人事担当は，面接試験やOG／OB訪問，そして面接試験において，あなたのマナーや言葉遣いといった，「常識力」をチェックしている。現在の自分はどのくらい「常識力」が身についているかをチェックリストで振りかえり，何ができて，何ができていないかを明確にしたうえで，今後の取り組みに生かしていこう。

評価基準 5：大変良い　4：やや良い　3：どちらともいえない　2：やや悪い　1：悪い

	項　目	評　価	メ　モ
挨拶	明るい笑顔と声で挨拶をしているか		
	相手を見て挨拶をしているか		
	相手より先に挨拶をしているか		
	お辞儀を伴った挨拶をしているか		
	直接の応対者でなくても挨拶をしているか		
表情	笑顔で応対しているか		
	表情に私的感情がでていないか		
	話しかけやすい表情をしているか		
	相手の話は真剣な顔で聞いているか		
身だしなみ	前髪は目にかかっていないか		
	髪型は乱れていないか／長い髪はまとめているか		
	髭の剃り残しはないか／化粧は健康的か		
	服は汚れていないか／清潔に手入れされているか		
	機能的で職業・立場に相応しい服装をしているか		
	華美なアクセサリーはつけていないか		
	爪は伸びていないか		
	靴下の色は適当か／ストッキングの色は自然な肌色か		
	靴の手入れは行き届いているか		
	ポケットに物を詰めすぎていないか		

項　目	評　価	メ　モ
言葉遣い 専門用語を使わず，相手にわかる言葉で話しているか		
状況や相手に相応しい敬語を正しく使っているか		
相手の聞き取りやすい音量・速度で話しているか		
語尾まで丁寧に話しているか		
気になる言葉癖はないか		
動作 物の授受は両手で丁寧に実施しているか		
案内・指し示し動作は適切か		
キビキビとした動作を心がけているか		
心構え 勤務時間・指定時間の5分前には準備が完了しているか		
心身ともに健康管理をしているか		
仕事とプライベートの切替えができているか		

☑ 常に自己点検をするクセをつけよう

「人を表情やしぐさ，身だしなみなどの見かけで判断してはいけない」と一般にいわれている。確かに，人の個性は見かけだけではなく，内面においても見いだされるもの。しかし，私たちは人を第一印象である程度決めてしまう傾向がある。それが面接試験など初対面の場合であればなおさらだ。したがって，チェックリストにあるような挨拶，表情，身だしなみ等に注意して面接試験に臨むことはとても重要だ。ただ，これらは面接試験前にちょっと対策したからといって身につくようなものではない。付け焼き刃的な対策をして面接試験に臨んでも，面接官はあっという間に見抜いてしまう。日頃からチェックリストにあるような項目を意識しながら行動することが大事であり，そうすることで，最初はぎこちない挨拶や表情等も，その人の個性に応じたすばらしい所作へ変わっていくことができるのだ。さっそく，本日から実行してみよう。

面接試験において，印象を決定づける表情はとても大事。

どのようにすれば感じのいい表情ができるのか，ポイントを確認していこう。

明るく，温和で
柔らかな表情をつくろう

人間関係の潤滑油

表情に関しては，まずは豊かである
ということがベースになってくる。う
れしい表情，困った表情，驚いた表
情など，さまざまな気持ちを表現で
きるということが，人間関係を潤いの
あるものにしていく。

Point

　表情はコミュニケーションの大前提。相手に「いつでも話しかけてくださ
いね」という無言の言葉を発しているのが，就活に求められる表情だ。面接
官が安心してコミュニケーションをとろうと思ってくれる表情。それが，明
るく，温和で柔らかな表情となる。

いますぐデキる
カンタンTraining

Training **01**

喜怒哀楽を表してみよう

・人との出会いを楽しいと思うことが表情の基本
・表情を豊かにする大前提は相手の気持ちに寄り添うこと
・目元・口元だけでなく，眉の動きを意識することが大事

Training **02**

表情筋のストレッチをしよう

・表情筋は「ウイスキー」の発音によって鍛える
・意識して毎日，取り組んでみよう
・笑顔の共有によって相手との距離が縮まっていく

コミュニケーションは挨拶から始まり，その挨拶ひとつで印象は変わるもの。
ポイントを確認していこう。

丁寧にしっかりと
はっきり挨拶をしよう

人間関係の第一歩

挨拶は心を開いて，相手に近づくコ
ミュニケーションの第一歩。たかが
挨拶，されど挨拶の重要性をわきま
えて，きちんとした挨拶をしよう。形，
つまり"技"も大事だが，心をこめ
ることが最も重要だ。

Point

　挨拶はコミュニケーションの第一歩。相手が挨拶するのを待っているの
は望ましくない。挨拶の際のポイントは丁寧であることと，はっきり声に出
すことの2つ。丁寧な挨拶は，相手を大事にして迎えている気持ちの表れ
となる。はっきり声に出すことで，これもきちんと相手を迎えていることが
伝わる。また，相手もその応答として挨拶してくれることで，会ってすぐに
双方向のコミュニケーションが成立する。

いますぐデキる
カンタンTraining

Training 01

３つのお辞儀をマスターしよう

① 会釈（15度）   ② 敬礼（30度）   ③ 最敬礼（45度）

・息を吸うことを意識してお辞儀をするとキレイな姿勢に
・目線は真下ではなく，床前方1.5m先ぐらいを見よう
・相手への敬意を忘れずに

Training 02

対面時は言葉が先，お辞儀が後

・相手に体を向けて先に自ら挨拶をする
・挨拶時，相手とアイコンタクトを
　しっかり取ろう
・挨拶の後に，お辞儀をする。
　これを「語先後礼」という

コミュニケーションは「話す」よりも「聞く」ことといわれる。相手が話しやすい聞き方の，ポイントを確認しよう。

受容の立場で
傾聴しよう

相手の話を受けとめる

話を聞くときは，やや前に傾く姿勢をとる。表情と姿勢が合わさることにより，話し手の心が開き「あれも，これも話そう」という気持ちになっていく。また，「はい」と一度のお辞儀で頷くと相手の話を受け止めているというメッセージにつながる。

Point

　話をすること，話を聞いてもらうことは誰にとってもプレッシャーを伴うもの。そのため，「何でも話して良いんですよ」「何でも話を聞きますよ」「心配しなくて良いんですよ」という気持ちで聞くことが大切になる。その気持ちが聞く姿勢に表れれば，相手は安心して話してくれる。

いますぐデキる
カンタンTraining

Training **01**

頷きは一度で

- ・相手が話した後に「はい」と
  一言発する
- ・頷きすぎは逆効果

Training **02**

目線は自然に

- ・鼻の付け根あたりを見ると
  自然な印象に
- ・目を見つめすぎるのはNG

Training **03**

話の句読点で視線を移す

- ・視線は話している人を見ることが基本
- ・複数の人の話を聞くときは句読点を意識し,
  視線を振り分けることで聞く姿勢を表す

自分の意思を相手に明確に伝えるためには，話し方が重要となる。はっきりと的確に話すためのポイントを確認しよう。

明るい発声を心がけよう

ボリュームを意識して

話すときのポイントとしては，ボリュームを意識することが挙げられる。会議室の一番奥にいる人に声が届くように意識することで，声のボリュームはコントロールされていく。

Point

コミュニケーションとは「伝達」すること。どのようなことも，適当に伝えるのではなく，伝えるべきことがきちんと相手に届くことが大切になる。そのためには，はっきりと，分かりやすく，丁寧に，心を込めて話すこと。言葉だけでなく，表情やジェスチャーを加えることも有効。

カンタンTraining

Training **01**

腹式呼吸で発声練習

- ・「あえいうえおあお」と発声する
- ・腹式呼吸は，胸部をなるべく動かさずに，息を吸うときにお腹や腰が膨らむよう意識する呼吸法

Training **02**

早口言葉にチャレンジ

おあやや
母親に
お謝り

- ・「おあやや，母親に，お謝り」と早口で
- ・口がすぼまった「お」と口が開いた「あ」の発音に，変化をつけられるかがポイント

Training **03**

ジェスチャーを有効活用

- ・腰より上でジェスチャーをする
- ・体から離した位置に手をもっていく
- ・ジェスチャーをしたら戻すところをさだめておく

身だしなみはその人自身を表すもの。身だしなみの基本について，ポイントを確認しよう。

清潔感,さわやかさを醸し出せるようにしよう

プロの企業人にふさわしい身だしなみを

信頼感，安心感をもてる身だしなみを考えよう。TPOに合わせた服装は，すなわち"礼"を表している。そして，身だしなみには，「清潔感」，「品のよさ」，「控え目である」という，3つのポイントがある。

Point

相手との心理的な距離や物理的な距離が遠ければ，コミュニケーションは成立しにくくなる。見た目が不潔では誰も近付いてこない。身だしなみが清潔であること，爽やかであることは相手との距離を縮めることにも繋がる。

いますぐデキる
カンタンTraining

Training 01

髪型，服装を整えよう

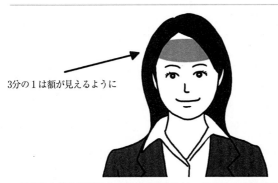

3分の1は額が見えるように

・男性も女性も眉が見える髪型が望ましい。3分の1は額が見えるように。額は知性と清潔感を伝える場所。男性の髪の長さは耳や襟にかからないように
・スーツで相手の前に立つときは，ボタンはすべて留める。男性の場合は下のボタンは外す

Training 02

おしゃれとの違いを明確に

・爪はできるだけ切りそろえる
・爪の中の汚れにも注意
・ジェルネイル，ネイルアートはNG

Training 03

足元にも気を配って

・女性の場合はパンプス，男性の場合は黒の紐靴が望ましい
・靴はこまめに汚れを落とし見栄えよく

姿勢にはその人の意欲が反映される。前向き，活動的な姿勢を表すにはどうしたらよいか，ポイントを確認しよう。

前向き,活動的な姿勢を維持しよう

一直線と左右対称

正しい立ち姿として，耳，肩，腰，くるぶしを結んだ線が一直線に並んでいることが最大のポイントになる。そのラインが直線に近づくほど立ち姿がキレイに整っていることになる。また，"左右対称"というのもキレイな姿勢の要素のひとつになる。

Point

　姿勢は，身体と心の状態を反映するもの。そのため，良い姿勢でいることは，印象が清々しいだけでなく，健康で元気そうに見え，話しかけやすさにも繋がる。歩く姿勢，立つ姿勢，座る姿勢など，どの場面にも心身の健康状態が表れるもの。日頃から心身の健康状態に気を配り，フィジカルとメンタル両面の自己管理を心がけよう。

カンタンTraining

Training 01

キレイな歩き方を心がけよう

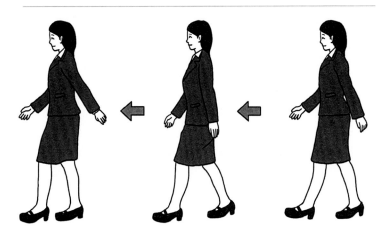

・女性は１本の線上を，男性はそれよりも太い線上を沿うように歩く
・一歩踏み出したときに前の足に体重を乗せるように，腰から動く
・12時の方向につま先をもっていく

Training 02

前向きな気持ちを持とう

・常に前向きな気持ちが姿勢を正す
・ポジティブ思考を心がけよう

言葉遣いの正しさはとは，場面にあった言葉を遣うということ。相手を気づかいながら，言葉を選ぶことで，より正しい言葉に近づいていく。

相手と場面に合わせた
ふさわしい言葉遣いを

次の文は接客の場面でよくある間違えやすい敬語です。
それぞれの言い方は○×どちらでしょうか。

問1「資料をご拝読いただきありがとうございます」

問2「こちらのパンフレットはもういただかれましたか？」

問3「恐れ入りますが，こちらの用紙にご記入してください」

問4「申し訳ございませんが，来週，休ませていただきます」

問5「先ほどの件，帰りましたら上司にご報告いたしますので」

Point

ビジネスのシーンに敬語は欠くことができない。何度もやり取りをしていく中で，親しさの度合いによっては，あえてくだけた表現を用いることもあるが，「親しき仲にも礼儀あり」と言われるように，敬意や心づかいをおろそかにしてはいけないもの。相手に誤解されたり，相手の気分を壊すことのないように，相手や場面にふさわしい言葉遣いが大切になる。

問1 （×） ○正しい言い換え例

→「ご覧いただきありがとうございます」など

「拝読」は自分が「読む」意味の謙譲語なので，相手の行為に使うのは誤り。読むと見るは同義なため，多く，見るの尊敬語「ご覧になる」が用いられる。

問2 （×） ○正しい言い換え例

→「お持ちですか」「お渡ししましたでしょうか」 など

「いただく」は，食べる・飲む・もらうの謙譲語。「もらったかどうか」と聞きたいのだから，「おもらいになりましたか」と言えないこともないが，持っているかどうか，受け取ったかどうかという意味で「お持ちですか」などが使われることが多い。また，自分側が渡すような場合は，「お渡しする」を使って「お渡ししましたでしょうか」などの言い方に換えることもできる。

問3 （×） ○正しい言い換え例

→「恐れ入りますが，こちらの用紙にご記入ください」など

「ご記入する」の「お（ご）〜する」は謙譲語の形。相手の行為を謙譲語で表すことになるため誤り。「して」を取り除いて「ご記入ください」か，和語に言い換えて「お書きください」とする。ほかにも「お書き／ご記入・いただけますでしょうか・願います」などの表現もある。

問4 （△）

有給休暇を取る場合や，弔事等で休むような場面で，用いられることも多い。「休ませていただく」ということで一見丁寧に響くが，「来週休むと自分で休みを決めている」という勝手な表現にも受け取られかねない言葉だ。ここは同じ「させていただく」を用いても，相手の都合をうかがう言い方に換えて「○○がございまして，申し訳ございませんが，休みをいただいてもよろしいでしょうか」などの言い換えが好ましい。

問5 （×） ○正しい言い換え例

→「上司に報告いたします」

「ご報告いたします」は，ソトの人との会話で使うとするならば誤り。「ご報告いたします」の「お・ご〜いたす」は，「お・ご〜する」と「〜いたす」という2つの敬語を含む言葉。そのうちの「お・ご〜する」は，主語である自分を低めて相手＝上司を高める働きをもつ表現（謙譲語Ⅰ）。一方「〜いたす」は，主語の私を低めて，話の聞き手に対して丁重に述べる働きをもつ表現（謙譲語Ⅱ　丁重語）。「お・ご〜する」も「〜いたす」も同じ謙譲語であるため紛らわしいが，主語を低める（謙譲）という働きは同じでも，行為の相手を高める働きがあるかないかという点に違いがあるといえる。

敬語は正しく使用することで，相手の印象を大きく変えることができる。尊敬語，謙譲語の区別をはっきりつけて，誤った用法で話すことのないように気をつけよう。

言葉の使い方が
マナーを表す!

■よく使われる尊敬語の形　「言う・話す・説明する」の例

専用の尊敬語型	おっしゃる
～れる・～られる型	言われる・話される・説明される
お（ご）～になる型	お話しになる・ご説明になる
お（ご）～なさる型	お話しなさる・ご説明なさる

■よく使われる謙譲語の形　「言う・話す・説明する」の例

専用の謙譲語型	申す・申し上げる
お（ご）～する型	お話しする・ご説明する
お（ご）～いたす型	お話しいたします・ご説明いたします

Point

　同じ尊敬語・謙譲語でも，よく使われる代表的な形がある。ここではその一例をあげてみた。敬語の使い方に迷ったときなどは，まずはこの形を思い出すことで，大抵の語はこの型にはめ込むことができる。同じ言葉を用いたほうがよりわかりやすいといえるので，同義に使われる「言う・話す・説明する」を例に考えてみよう。

　ほかにも「お話しくださる」や「お話しいただく」「お元気でいらっしゃる」などの形もあるが，まずは表の中の形を見直そう。

なお，尊敬語の中の「言われる」などの「れる・られる」を付けた形は省力している。

基本	尊敬語（相手側）	謙譲語（自分側）
会う	お会いになる	お目にかかる・お会いする
言う	おっしゃる	申し上げる・申す
行く・来る	いらっしゃる おいでになる お見えになる お越しになる お出かけになる	伺う・参る お伺いする・参上する
いる	いらっしゃる・おいでになる	おる
思う	お思いになる	存じる
借りる	お借りになる	拝借する・お借りする
聞く	お聞きになる	拝聴する 拝聞する お伺いする・伺う お聞きする
知る	ご存じ（知っているという意で）	存じ上げる・存じる
する	なさる	いたす
食べる・飲む	召し上がる・お召し上がりになる お飲みになる	いただく・頂戴する
見る	ご覧になる	拝見する
読む	お読みになる	拝読する

「お伺いする」「お召し上がりになる」などは，「伺う」「召し上がる」自体が敬語なので
「二重敬語」ですが，慣習として定着しており間違いではないもの。

Point

　上記の「敬語表」は，よく使うと思われる動詞をそれぞれ尊敬語・謙譲語で表したもの。このように大体の言葉は型にあてはめることができる。言葉の中には「お（ご）」が付かないものもあるが，その場合でも「〜なさる」を使って，「スピーチなさる」や「運営なさる」などと言うことができる。また，表では，「言う」の尊敬語「言われる」の例は省いているが，れる・られる型の「言われる」よりも「おっしゃる」「お話しになる」「お話しなさる」などの言い方のほうが，より敬意も高く，言葉としても何となく響きが落ち着くといった印象を受けるものとなる。

会話は相手があってのこと。いかなる場合でも，相手に対する心くばりを忘れないことが，会話をスムーズに進めるためのコツになる。

心くばりを添えるひと言で
言葉の印象が変わる!

　相手に何かを頼んだり，また相手の依頼を断ったり，相手の抗議に対して反論したりする場面では，いきなり自分の意見や用件を切り出すのではなく，場面に合わせて心くばりを伝えるひと言を添えてから本題に移ると，響きがやわらかくなり，こちらの意向も伝えやすくなる。俗にこれは「クッション言葉」と呼ばれている。(右表参照)

Point

　ビジネスの場面で，相手と話したり手紙やメールを送る際には，何か依頼事があってという場合が多いもの。その場合に「ちょっとお願いなんですが…」では，ふだんの会話と変わりがないものになってしまう。そこを「突然のお願いで恐れ入りますが」「急にご無理を申しまして」「こちらの勝手で恐縮に存じますが」「折り入ってお願いしたいことがございまして」などの一言を添えることで，直接的なきつい感じが和らぐだけでなく，「申し訳ないのだけれど，もしもそうしていただくことができればありがたい」という，相手への配慮や願いの気持ちがより強まる。このような前置きの言葉もうまく用いて，言葉に心くばりを添えよう。

相手の意向を尋ねる場合	「よろしければ」「お差し支えなければ」
	「ご都合がよろしければ」「もしお時間がありましたら」
	「もしお嫌いでなければ」「ご興味がおありでしたら」
相手に面倒を かけてしまうような場合	「お手数をおかけしますが」
	「ご面倒をおかけしますが」
	「お手を煩わせまして恐縮ですが」
	「お忙しい時に申し訳ございませんが」
	「お時間を割いていただき申し訳ありませんが」
	「貴重なお時間を頂戴し恐縮ですが」
自分の都合を 述べるような場合	「こちらの勝手で恐縮ですが」
	「こちらの都合（ばかり）で申し訳ないのですが」
	「私どもの都合ばかりを申しまして，まことに申し訳なく存じますが」
	「ご無理を申し上げまして恐縮ですが」
急な話をもちかけた場合	「突然のお願いで恐れ入りますが」
	「急にご無理を申しまして」
	「もっと早くにご相談申し上げるべきところでございましたが」
	「差し迫ってのことでまことに申し訳ございませんが」
何度もお願いする場合	「たびたびお手数をおかけしまして恐縮に存じますが」
	「重ね重ね恐縮に存じますが」
	「何度もお手を煩わせまして申し訳ございませんが」
	「ご面倒をおかけしてばかりで，まことに申し訳ございませんが」
難しいお願いをする場合	「ご無理を承知でお願いしたいのですが」
	「たいへん申し上げにくいのですが」
	「折り入ってお願いしたいことがございまして」
あまり親しくない相手に お願いする場合	「ぶしつけなお願いで恐縮ですが」
	「ぶしつけながら」
	「まことに厚かましいお願いでございますが」
相手の提案・誘いを断る場合	「申し訳ございませんが」
	「（まことに）残念ながら」
	「せっかくのご依頼ではございますが」
	「たいへん恐縮ですが」
	「身に余るお言葉ですが」
	「まことに失礼とは存じますが」
	「たいへん心苦しいのですが」
	「お引き受けしたいのはやまやまですが」
問い合わせの場合	「つかぬことをうかがいますが」
	「突然のお尋ねで恐縮ですが」

ここでは文章の書き方における，一般的な敬称について言及している。はがき，手紙，メール等，通信手段はさまざま。それぞれの特性をふまえて有効活用しよう。

相手の気持ちになって 見やすく美しく書こう

■敬称のいろいろ

敬称	使う場面	例
様	職名・役職のない個人	（例）飯田知子様／ご担当者様／経理部長　佐藤一夫様
殿	職名・組織名・役職のある個人（公用文など）	（例）人事部長殿／教育委員会殿／田中四郎殿
先生	職名・役職のない個人	（例）松井裕子先生
御中	企業・団体・官公庁などの組織	（例）○○株式会社御中
各位	複数あてに同一文書を出すとき	（例）お客様各位／会員各位

Point

　封筒・はがきの表書き・裏書きは縦書きが基本だが，洋封筒で親しい人にあてる場合は，横書きでも問題ない。いずれにせよ，定まった位置に，丁寧な文字でバランス良く，正確に記すことが大切。特に相手の住所や名前を乱雑な文字で書くのは，配達の際の間違いを引き起こすだけでなく，受け取る側に不快な思いをさせる。相手の気持ちになって，見やすく美しく書くよう心がけよう。

■各通信手段の長所と短所

	長所	短所	用途
封書	・封を開けなければ本人以外の目に触れることがない。 ・丁寧な印象を受ける。	・多量の資料・画像送付には不向き。 ・相手に届くまで時間がかかる。	・儀礼的な文書(礼状・わび状など) ・目上の人あての文書 ・重要な書類 ・他人に内容を読まれたくない文書
はがき・カード	・封書よりも気軽にやり取りできる。 ・年賀状や季節の便り、旅先からの連絡など絵はがきとしても楽しむことができる。	・封に入っていないため、第三者の目に触れることがある。 ・中身が見えるので、改まった礼状やわび状、こみ入った内容には不向き。 ・相手に届くまで時間がかかる。	・通知状　　　・案内状 ・送り状　　　・旅先からの便り ・各種お祝い　・お礼 ・季節の挨拶
ＦＡＸ	・手書きの図やイラストを文章といっしょに送れる。 ・すぐに届く。 ・控えが手元に残る。	・多量の資料の送付には不向き。 ・事務的な用途で使われることが多く、改まった内容の文書、初対面の人へは不向き。	・地図、イラストの入った文書 ・印刷物(本・雑誌など)
電話	・急ぎの連絡に便利。 ・相手の反応をすぐに確認できる。 ・直接声が聞けるので、安心感がある。	・連絡できる時間帯が制限される。 ・長々としたこみ入った内容は伝えづらい。	・緊急の用件 ・確実に用件を伝えたいとき
メール	・瞬時に届く。　・控えが残る。 ・コストが安い。 ・大容量の資料や画像をデータで送ることができる。 ・一度に大勢の人に送ることができる。 ・相手の居場所や状況を気にせず送れる。	・事務的な印象を与えるので、改まった礼状やわび状には不向き。 ・パソコンや携帯電話を持っていない人には送れない。 ・ウィルスなどへの対応が必要。	・データで送りたいとき ・ビジネス上の連絡

Point

　はがきは手軽で便利だが、おわびやお願い、格式を重んじる手紙には不向きとなる。この種の手紙は内容もこみ入ったものとなり、加えて丁寧な文章で書かなければならないので、数行で済むことはまず考えられない。また、封筒に入っていないため、他人の目に触れるという難点もある。このように、はがきにも長所と短所があるため、使う場面や相手によって、他の通信手段と使い分けることが必要となる。

　はがき以外にも、封書・電話・ＦＡＸ・メールなど、現代ではさまざまな通信手段がある。上に示したように、それぞれ長所と短所があるので、特徴を知って用途によって上手に使い分けよう。

社会人のマナーとして，電話応対のスキルは必要不可欠。まずは失礼なく電話に出ることからはじめよう。積極性が重要だ。

相手の顔が見えない分
対応には細心の注意を

■電話をかける場合

① ○○先生に電話をする

× 「私，□□社の××と言いますが，○○様はおられますでしょうか？」

○ 「××と申しますが，○○様はいらっしゃいますか？」

「おられますか」は「おる」を謙譲語として使うため，通常は相手がいるかどうかに関しては，「いらっしゃる」を使うのが一般的。

② 相手の状況を確かめる

× 「こんにちは，××です，先日のですね…」

○ 「××です，先日は有り難うございました，今お時間よろしいでしょうか？」

相手が忙しくないかどうか，状況を聞いてから話を始めるのがマナー。また，やむを得ず夜間や早朝，休日などに電話をかける際は，「夜分（朝早く）に申し訳ございません」「お休みのところ恐れ入ります」などのお詫びの言葉もひと言添えて話す。

③ 相手が不在，何時ごろ戻るかを聞く場合

× 「戻りは何時ごろですか？」

○ 「何時ごろお戻りになりますでしょうか？」

「戻り」はそのままの言い方，相手にはきちんと尊敬語を使う。

④ また自分からかけることを伝える

× 「そうですか，ではまたかけますので」

○ 「それではまた後ほど（改めて）お電話させていただきます」

戻る時間がわかる場合は，「またお戻りになりましたころにでも」「また午後にでも」などの表現もできる。

■電話を受ける場合

① 電話を取ったら

× 「はい，もしもし，○○（社名）ですが」

○ **「はい，○○（社名）でございます」**

② 相手の名前を聞いて

× 「どうも，どうも」

○ **「いつもお世話になっております」**

　あいさつ言葉として定着している決まり文句ではあるが，日頃のお付き合いがあってこそ。あいさつ言葉もきちんと述べよう。「お世話様」という言葉も時折耳にするが，敬意が軽い言い方となる。適切な言葉を使い分けよう。

③ 相手が名乗らない

× 「どなたですか？」「どちらさまですか？」

○ **「失礼ですが，お名前をうかがってもよろしいでしょうか？」**

名乗るのが基本だが，尋ねる態度も失礼にならないように適切な応対を心がけよう。

④ 電話番号や住所を教えてほしいと言われた場合

× 「はい，いいでしょうか？」　　× 「メモのご用意は？」

○ **「はい，申し上げます，よろしいでしょうか？」**

「メモのご用意は？」は，一見親切なようにも聞こえるが，尋ねる相手も用意していることがほとんど。押し付けがましくならない程度に。

⑤ 上司への取次を頼まれた場合

× 「はい，今代わります」　　× 「○○部長ですね，お待ちください」

○ **「部長の○○でございますね，ただいま代わりますので，少々お待ちくださいませ」**

　○○部長という表現は，相手側の言い方となる。自分側を述べる場合は，「部長の○○」「○○」が適切。

> 自分から電話をかける場合は，まずは自分の会社名や氏名を名乗るのがマナー。たとえ目的の相手が直接出た場合でも，電話では相手の様子が見えないことがほとんど。自分の勝手な判断で話し始めるのではなく，相手の都合を伺い，そのうえで話を始めるのが社会人として必要な気配りとなる。

デキるオトナをアピール

時候の挨拶

月	漢語調の表現 候，みぎりなどを付けて用いられます	口語調の表現
1月 (睦月)	初春・新春　頌春・小寒・大寒・厳寒	皆様におかれましては，よき初春をお迎えのことと存じます／厳しい寒さが続いております／珍しく暖かな寒の入りとなりました／大寒という言葉通りの厳しい寒さでございます
2月 (如月)	春寒・余寒・残寒・立春・梅花・向春	立春とは名ばかりの寒さ厳しい毎日でございます／梅の花もちらほらとふくらみ始め，春の訪れを感じる今日この頃です／春の訪れが待ち遠しいこのごろでございます
3月 (弥生)	早春・浅春・春寒・春分・春暖	寒さもようやくゆるみ，日ましに春めいてまいりました／ひと雨ごとに春めいてまいりました／日増しに暖かさが加わってまいりました
4月 (卯月)	春暖・陽春・桜花・桜花爛漫	桜花爛漫の季節を迎えました／春光うららかな好季節となりました／花冷えとでも申しましょうか，何だか肌寒い日が続いております
5月 (皐月)	新緑・薫風・惜春・晩春・立夏・若葉	風薫るさわやかな季節を迎えました／木々の緑が目にまぶしいようでございます／目に青葉，山ほととぎす，初鰹の句も思い出される季節となりました
6月 (水無月)	梅雨・向暑・初夏・薄暑・麦秋	初夏の風もさわやかな毎日でございます／梅雨前線が近づいてまいりました／梅雨の晴れ間にのぞく青空は，まさに夏を思わせるようです
7月 (文月)	盛夏・大暑・炎暑・酷暑・猛暑	梅雨が明けたとたん，うだるような暑さが続いております／長い梅雨も明け，いよいよ本格的な夏がやってまいりました／風鈴の音がわずかに涼を運んでくれているようです
8月 (葉月)	残暑・晩夏・処暑・秋暑	立秋とはほんとうに名ばかりの厳しい暑さの毎日です／残暑たえがたい毎日でございます／朝夕はいくらかしのぎやすくなってまいりました
9月 (長月)	初秋・新秋・爽秋・新涼・清涼	九月に入りましてもなお，日差しの強い毎日です／暑さもやっとおとろえはじめたようでございます／残暑も去り，ずいぶんとしのぎやすくなってまいりました
10月 (神無月)	清秋・錦秋・秋涼・秋冷・寒露	秋風もさわやかな過ごしやすい季節となりました／街路樹の葉も日ごとに色を増しております／紅葉の便りの開かれるころとなりました／秋深く，日増しに冷気も加わってまいりました
11月 (霜月)	晩秋・暮秋・霜降・初霜・向寒	立冬を迎え，まさに冬到来を感じる寒さです／木枯らしの季節になりました／日ごとに冷気が増すようでございます／朝夕はひときわ冷え込むようになりました
12月 (師走)	寒冷・初冬・師走・歳晩	師走を迎え，何かと慌ただしい日々をお過ごしのことと存じます／年の瀬も押しつまり，何かとお忙しくお過ごしのことと存じます／今年も残すところわずかとなりました，お忙しい毎日とお察しいたします

シチュエーション別会話例

シチュエーション1　取引先との会話

「非常に素晴らしいお話で感心しました」→NG！

「感心する」は相手の立派な行為や，優れた技量などに心を動かされるという意味。意味としては間違いではないが，目上の人に用いると，偉そうに聞こえかねない表現。「感動しました」などに言い換えるほうが好ましい。

シチュエーション2　子どもとの会話

「お母さんは，明日はいますか？」→NG！

たとえ子どもとの会話でも，子どもの年齢によっては，ある程度の敬語を使うほうが好ましい。「明日はいらっしゃいますか」では，むずかしすぎると感じるならば，「お出かけですか」などと表現することもできる。

シチュエーション3　同僚との会話

「今，お暇ですか」→NG？

同じ立場同士なので，暇に「お」が付いた形で「お暇」ぐらいでも構わないともいえるが，「暇」というのは，するべきことも何もない時間という意味。そのため「お暇ですか」では，あまりにも直接的になってしまう。その意味では「手が空いている」→「空いていらっしゃる」→「お手透き」などに言い換えることで，やわらかく敬意も含んだ表現になる。

シチュエーション4　上司との会話

「なるほどですね」→NG！

「なるほど」とは，相手の言葉を受けて，自分も同意見であることを表すため，相手の言葉・意見を自分が評価するというニュアンスも含まれている。そのため自分が評価して述べているという偉そうな表現にもなりかねない。同じ同意ならば，頷き「おっしゃる通りです」などの言葉のほうが誤解なく伝わる。

就活スケジュールシート

■年間スケジュールシート

1月	2月	3月	4月	5月	6月
企業関連スケジュール					
自己の行動計画					

就職活動をすすめるうえで，当然重要になってくるのは，自己のスケジュール管理だ。企業の選考スケジュールを把握することも大切だが，自分のペースで進めることになる自己分析や業界・企業研究，面接試験のトレーニング等の計画を立てることも忘れてはいけない。スケジュールシートに「記入」する作業を通して，短期・長期の両方の面から就職試験を考えるきっかけにしよう。

7月	8月	9月	10月	11月	12月
企業関連スケジュール					
自己の行動計画					

●情報提供のお願い●

　就職活動研究会では，就職活動に関する情報を募集しています。

　エントリーシートやグループディスカッション，面接，筆記試験の内容等について情報をお寄せください。ご応募はメールアドレス（edit@kyodo-s.jp）へお願いいたします。お送りくださいました方々には薄謝をさしあげます。

　ご協力よろしくお願いいたします。

会社別就活ハンドブックシリーズ

富士通の
就活ハンドブック

編　者	就職活動研究会
発　行	令和 6 年 2 月 25 日
発行者	小貫輝雄
発行所	協同出版株式会社

〒 101 − 0054
東京都千代田区神田錦町2 − 5
　電話　03 − 3295 − 1341
　振替　東京00190 − 4 − 94061

印刷所　協同出版・POD 工場

落丁・乱丁はお取り替えいたします

九州電力の就活ハンドブック

自動車

トヨタ自動車の就活ハンドブック

デンソーの就活ハンドブック

本田技研工業の就活ハンドブック

日産自動車の就活ハンドブック

商　社

三菱商事の就活ハンドブック

伊藤忠商事の就活ハンドブック

住友商事の就活ハンドブック

双日の就活ハンドブック

丸紅の就活ハンドブック

豊田通商の就活ハンドブック

三井物産の就活ハンドブック

情報通信・IT

NTT データの就活ハンドブック

サイバーエージェントの就活ハンドブック

NTT ドコモの就活ハンドブック

LINE ヤフーの就活ハンドブック

野村総合研究所の就活ハンドブック

SCSK の就活ハンドブック

日本電信電話の就活ハンドブック

富士ソフトの就活ハンドブック

KDDI の就活ハンドブック

日本オラクルの就活ハンドブック

ソフトバンクの就活ハンドブック

GMO インターネットグループ

楽天の就活ハンドブック

オービックの就活ハンドブック

mixi の就活ハンドブック

DTS の就活ハンドブック

グリーの就活ハンドブック

TIS の就活ハンドブック

食品・飲料

サントリー HD の就活ハンドブック

日本たばこ産業 の就活ハンドブック

味の素の就活ハンドブック

日清食品グループの就活ハンドブック

キリン HD の就活ハンドブック

山崎製パンの就活ハンドブック

アサヒグループ HD の就活ハンドブック

キユーピーの就活ハンドブック

生活用品

資生堂の就活ハンドブック

武田薬品工業の就活ハンドブック

花王の就活ハンドブック

電気機器

三菱電機の就活ハンドブック	パナソニックの就活ハンドブック
ダイキン工業の就活ハンドブック	富士通の就活ハンドブック
ソニーの就活ハンドブック	キヤノンの就活ハンドブック
日立製作所の就活ハンドブック	京セラの就活ハンドブック
ＮＥＣの就活ハンドブック	オムロンの就活ハンドブック
富士フイルム HD の就活ハンドブック	キーエンスの就活ハンドブック

保　険

東京海上日動火災保険の就活ハンドブック	三井住友海上火災保険の就活ハンドブック
第一生命ホールディングスの就活ハンドブック	損保ジャパンの就活ハンドブック

メディア

日本印刷の就活ハンドブック	エイベックスの就活ハンドブック
博報堂 DY の就活ハンドブック	東宝の就活ハンドブック
TOPPAN ホールディングスの就活ハンドブック	

流通・小売

ニトリ HD の就活ハンドブック	ZOZO の就活ハンドブック
イオンの就活ハンドブック	

エンタメ・レジャー

オリエンタルランドの就活ハンドブック	任天堂の就活ハンドブック
アシックスの就活ハンドブック	カプコンの就活ハンドブック
バンダイナムコ HD の就活ハンドブック	セガサミー HD の就活ハンドブック
コナミグループの就活ハンドブック	タカラトミーの就活ハンドブック
スクウェア・エニックス HD の就活ハンドブック	

▼会社別就活ハンドブックシリーズにつきましては，協同出版
のホームページからもご注文ができます。詳細は下記のサイ
トでご確認下さい。

https://kyodo-s.jp/examination_company